"十三五"上海市职教集团
优秀典型工作案例集
暨首轮运行绩效评价工作报告

上海市教育委员会教育技术装备中心◎组编

 华东师范大学出版社
·上海·

图书在版编目(CIP)数据

"十三五"上海市职教集团优秀典型工作案例集暨首轮
运行绩效评价工作报告/上海市教育委员会教育技术装
备中心组编.—上海:华东师范大学出版社,2023
ISBN 978-7-5760-4324-2

Ⅰ.①十… Ⅱ.①上… Ⅲ.①职业教育—上海—文集
Ⅳ.①G719.2-53

中国国家版本馆 CIP 数据核字(2023)第 230179 号

"十三五"上海市职教集团优秀典型工作案例集
暨首轮运行绩效评价工作报告

组　　编	上海市教育委员会教育技术装备中心
责任编辑	蒋梦婷
特约审读	陈成江
责任校对	郭　琳　时东明
装帧设计	庄玉侠
出版发行	华东师范大学出版社
社　　址	上海市中山北路 3663 号　邮编 200062
网　　址	www.ecnupress.com.cn
电　　话	021-60821666　行政传真 021-62572105
客服电话	021-62865537　门市(邮购)电话 021-62869887
地　　址	上海市中山北路 3663 号华东师范大学校内先锋路口
网　　店	http://hdsdcbs.tmall.com
印 刷 者	上海龙腾印务有限公司
开　　本	787 毫米×1092 毫米　1/16
印　　张	11.75
字　　数	256 千字
版　　次	2023 年 12 月第 1 版
印　　次	2023 年 12 月第 1 次
书　　号	ISBN 978-7-5760-4324-2
定　　价	40.00 元
出 版 人	王　焰

(如发现本版图书有印订质量问题,请寄回本社客服中心调换或电话 021-62865537 联系)

本书编写委员会

主　编　徐　涛
副主编　周齐佩
专家组　王向群　戴小芙　张福顺
　　　　徐国良　鲍贤俊　吴国伟
编　委　赵晓伟　孙　莹　陈立峰

参与编写单位

（排名不分先后）

上海现代护理职业教育集团

上海交通物流职业教育集团

上海商贸职业教育集团

上海电子信息职业教育集团

上海旅游职业教育集团

上海建筑职业教育集团

上海现代农业职业教育集团

上海化工职业教育集团

上海新闻出版职业教育集团

上海市智能机器人职业教育集团

上海嘉定职业教育集团

上海闵行职业教育集团（联盟）

上海徐汇区职业教育集团

上海黄浦职业教育集团

上海浦东职业教育集团

上海长宁现代职业教育集团

上海市奉贤职业教育集团

上海市崇明区职业教育集团

上海宝山区职业教育集团

上海市普陀区职业教育联盟

上海静安职业教育集团

上海金山区职业教育集团

上海虹口新产业发展职业教育集团

上海市杨浦区职业教育集团

上海市青浦区职业教育集团

上海松江区职业教育集团

以评促建　提质培优
上海职教集团创新发展在路上

　　2022 年 4 月修订的《中华人民共和国职业教育法》明确"职业教育是与普通教育具有同等重要地位的教育类型"。2022 年 10 月，党的二十大报告指出，要"统筹职业教育、高等教育、继续教育协同创新，推进职普融通、产教融合、科教融汇，优化职业教育类型定位"。可以看到，作为与经济社会联系最为紧密的一类教育，职业教育被摆在了更为突出的位置。

　　职教集团作为促进职业教育办学机制改革和优质资源开放共享的重要模式，自 20 世纪 90 年代以来获得迅猛发展。上海市自 2007 年至今，已陆续建立了 28 个职教集团，覆盖上海全部区域，涉及现代护理、交通物流、电子信息、智能机器人等多个行业，职业教育集团化办学获得长足发展。近三年来，随着上海市职业教育集团首轮运行绩效评价工作的有序推进，我们全面、客观地掌握了本市各行业、区域职教集团的基本情况及运行状态，成功指导了职教集团加强自身建设，规范集团管理，不断提高职教集团化办学水平和人才培养质量。同时，在运行绩效评价中也涌现出一批集团化办学优秀典型工作案例，它们有的在集团化办学体制机制建设上具有创新性，有的在资源整合共享方面成效显著，有的在校企合作、产教融合方面经验丰富，有的在服务区域经济、社会发展和国家发展战略上贡献卓越……我们本着好中选优、引领示范、打造特色的原则，遴选出 27 个典型案例并将案例文本整理和出版，一方面希望充分发挥优秀典型工作案例的示范引领作用，给上海乃至全国职教集团工作提供经验和借鉴；另一方面向社会展示集团化办学的优秀成果，提高社会对职业集团化办学的认知度，积极营造鼓励职业教育集团化办学发展的社会氛围，更好地支持职业教育集团创新发展。

　　随着新一轮科技革命和产业变革的突飞猛进，中国职业教育集团化办学面临着新的挑战和发展机遇。站在这一新的历史起点上，应抓住机遇，迎接挑战，充分认识职业教育集团化办学的重要意义,加快完善职业教育集团化办学的实现形式,不断强化职业教育集团的办学保障机制,增强职业教育集团的综合服务能力。相信上海职业教育人一定会把职业教育集团打造得更好,助力上海职业教育的高质量发展!

2023 年 12 月

本书编委会

目录

第一篇

科学评价　提质增效
推动职教集团高质量发展
——"十三五"上海市职教集团首轮运行绩效评价工作报告

上海市教育委员会教育技术装备中心

职业教育集团化办学是加快发展现代职业教育的重要途径。为贯彻落实教育部《关于深入推进职业教育集团化办学的意见》(教职成〔2015〕4号)文件精神,以及《关于开展示范性职业教育集团(联盟)建设的通知》(教职成司函〔2019〕92号)中"建设一批示范性职教集团"的工作要求,2019年上海市教委印发《上海市教育委员会关于开展上海市职业教育集团运行绩效评价的通知》(沪教委职〔2019〕8号),上海市教委教育技术装备中心受上海市教委职教处委托,组织开展职教集团绩效评价工作,全面客观了解本市各行业和区域职教集团的基本情况及运行状态,重点了解职教集团在产教融合、校企合作、优势互补、合作共赢,赋能本市集团化办学水平和人才培养质量方面的整体提升等情况。现将上海市职教集团首轮运行绩效评价工作报告如下。

一、科学设计,系统完善职教集团运行绩效评价体系

完善的职教集团运行绩效评价体系是集团绩效评价工作能够取得成效的先决条件。2017年以来,上海职教集团通过开展问卷调查、召开座谈会、赴外省市调研等方式,在广泛征求意见和吸纳建议的基础上形成《上海职业教育集团绩效评价标准与指标体系(试行)》,并在实际绩效评价过程中进一步完善。目前,《上海市职业教育集团绩效评价标准与指标体系(2020)修订版》(以下简称"指标体系")包含"领导作用与发展目标""运行机制与日常管理""资源整合与集团成果""社会评价与社会声誉"4个一级指标、"特色创新,引领辐射"1个附加指标及若干二、三级指标。每个指标都有具体的评价标准与评价方式,基本实现了标准的可量化和可测性。

二、稳步实施,有序推进职教集团运行绩效评价工作

自2019年起,上海市教委教育技术装备中心每年定期受理集团绩效评价申报工作,截至2021年,共计完成三批25家职教集团的评价工作,其中行业职教集团9家,区域职教集团16家。根据《上海市职业教育集团运行绩效评价实施方案》相关要求,绩效评价工作采取"上海市教委职教处总体部署与统筹协调、上海市教委教育技术装备中心具体组织实施"的工作方式展开,确保评价工作的有序、高效、客观、公正,具体内容如下。

(一)申报与自我评价

职教集团自主申报参加职教集团绩效评价工作,全面总结集团近三年工作开展情况,并撰写《上海市职教集团运行绩效评价项目申报书》,围绕职教集团基本信息、运行概况、主要

成效和发展规划等方面展开;同时,职教集团遴选具有较丰富职业教育和职业培训管理经验、熟悉职教集团运行工作的相关人员组成集团自评小组并开展自评工作。自评小组依据集团具体情况制定自评方案,对照"指标体系"填写《上海市职业教育集团自测评分表》,并结合自评工作的开展情况、自评结果和评价依据等撰写自评报告。集团自评作为绩效评价的补充内容,是本轮职教集团绩效评价的重要创新点。集团通过申报和自评环节,对自身近年来的发展情况进行了全面的梳理和总结,实现了集团的自我净化、自我完善、自我革新、自我提高。

(二)专家评价与现场核查

上海市教委教育技术装备中心组建绩效评价工作组,工作组专家主要来自有关教育主管部门、研究机构、职业院校、企业和行业协会等。专家审阅职教集团申报材料、分析自评结果并对职教集团进行现场核查。在职教集团自我评价基础上,职教集团依据"指标体系"分类整理集团各项活动的文件、记录、成果等佐证材料以供专家查阅。在现场核查时,专家组听取集团领导对集团自评总体情况的汇报,并与集团核心层领导、集团成员院校和企业代表、集团相关部门或专指委负责人进行访谈和交流互动,实地查看集团办公场所及软硬设施情况,并对照指标体系查看近三年集团市级财政拨款收支情况、财务预决算制度文件、财务预决算报告、理事会会议纪要、活动记录、成果文件等,全方位了解集团工作情况及成员单位对集团工作的评价情况。

(三)结果反馈与运用

专家组根据职教集团汇报情况、访谈情况以及现场佐证材料查阅情况等,对照指标体系及《上海市职业教育集团运行绩效评分表》给职教集团打分并出具评价意见,工作组汇总所有专家的评价意见和打分情况,形成职教集团最终绩效评价分数及《职教集团绩效评价核查意见》,报上海市教委职教处审定后书面反馈给各职教集团。

评价结果在纵向上能直观反映出集团在制度建设、资源整合、人才培养等方面的长处和短板,在横向上也便于职教集团之间进行对比分析,成为遴选上海市示范性职业教育集团和推荐全国示范性职业教育集团的重要内容,也将作为给予优先发展等政策支持及资金扶持的主要参考。

(四)整改落实

职教集团通过集团自评、专家核查和反馈结果,认识到运行中存在的诸如"集团发展规划尚需进一步统筹""集团组织机构建设还需进一步加强""集团财务管理规章需要进一步精准""集团需要加强工作档案资料积累""集团服务面向有待进一步深化"等问题,并根据专家建议予以改进。与此同时,2022年,上海市教委教育技术装备中心在绩效评价结束半年后,印发《关于报送上海市职业教育集团运行绩效评价后集团发展情况报告的通知》,请各职教集团撰写整改情况报告。参评的25家职教集团均撰写了《绩效评价后集团发展情况报告》,

总结了绩效评价后集团的改进措施和成效、集团发展中面临的新问题与后续工作设想，从职教集团层面针对绩效评价工作提出改进建议。作为实现绩效评价工作闭环流程的关键节点，整改落实工作起到了承上启下的作用，一方面使得绩效评价的作用得到充分发挥，另一方面对下一轮绩效评价工作起到了重要的参考作用。

三、聚焦成效，全面梳理职教集团特色工作典型案例

通过职教集团绩效评价，我们发现职教集团在发挥优秀典型的示范引领作用，加强职业教育优质资源集聚和开放共享，推进产教融合、校企合作，促进区域社会经济发展和服务国家发展战略等方面成效显著，职教集团工作已成为推进职业教育高质量发展的强大动力。

（一）集团化是职业教育高赋能强贡献的动力之源

在本轮职教集团运行绩效评价中，我们发现集团化是职业教育高赋能强贡献的动力之源，呈现出一批具有典型性、创新性、示范性和推广性，示范引领与特色发展成效明显的典型案例，是推进职业教育高质量发展的新引擎。如**上海交通物流职业教育集团**创设较早（至今约 12 年），其运行模式及管理机制建设为后续组建的集团提供了可借鉴的经验。该集团多年前就着手研究"职教集团绩效评价体系"构建，并在本集团中开展多次自测实验，为本轮全市性绩效评价工作提供了重要依据。**上海闵行职业教育集团（联盟）**在构建集团化办学国际交流专技人才培养上颇有特色，集团积极探索闵行区职业教育国际化实践，主动搭建平台，开展职教教师的国际化培训；对接国际职业资格证书，开发国际水平人才培养方案；对标国际专业标准，开展具有本土特色的国际化水平专业课程建设；落实国际交流合作项目，开展师生交流互访。**上海市普陀区职业教育联盟**，协调 6 所职业院校、20 家合作企业建成"职业大学堂"，研发职业体验课程开设标准，形成覆盖 30 多个职业岗位的 50 余门职业体验课程，通过优化专业课程内容、规范体验流程、加强专业师资培训，将普陀"职业大学堂"打造成为展示职业教育新发展、职业院校新风貌、校企合作新成果的平台。**上海虹口新产业发展职教集团**以构建区域性现代职教体系为引领，在国家和本市新一轮职业教育改革的浪潮中先行先试，积极探索"市区共建"的办学体制和产教融合的办学模式，主动与区域经济对接，最终促成新型五年一贯制高职学院的成立，为创建本市新型高职发挥引领示范作用。

（二）集团化是职业教育优质资源集聚共享的坚实基础

职教集团内中高职院校依靠集团平台，共享教育资源，实现信息、人力、教学设施和实习实训基地等资源的共享、整合和优化配置，充分发挥教育投资的最大效益，促进教育公平。如**上海市金山区职业教育集团**在各成员院校间有组织、有计划地开展教科研、教学技能竞赛、教学观摩等活动，其内容涵盖专业建设、课程建设、实训基地建设、师资队伍建设等多个方面，同时还形成 2 个中本贯通和 4 个中高职贯通试点专业，较好地实现了中本贯通和中高职贯通教育与培训的联动发展和有效衔接。**上海浦东职业教育集团**依托集团平台，联合集

团内成员单位开展多项职教科研教研项目,制定适应浦东新区发展的专业标准,完善课程体系,实施中本、中高职贯通培养,开展品牌专业建设。**上海市杨浦区职业教育集团**整合成员单位师资资源,开设多项文化、心理、科研培训课程,提升职教师资的专业素养,集团培训课程成效显著,广受好评。**上海宝山区职业教育集团**,发挥区域教育资源优势,组织开展各项社会培训;利用《宝山职教》杂志,刊登宝山区职业教育的科研成果,汇编集团成员单位的论文专著,实现优质资源和信息的共建共享。**上海静安职业教育集团**聚焦质量提升,整合资源促职业教育一体化建设。集团大力发展成员院校中高职贯通培养专业,积极打造现代职业教育体系,牵线集团内院校共建中高职贯通网络专业,组织教师编写出版了国内首套网络专业中高职贯通专业教材。

(三) 集团化是职业教育产教融合的重要形式

职教集团坚持"开放、合作、共赢"理念,以人才培养和专业发展为抓手,通过深入开展产教融合、校企合作、院校联合,走出"就职教论职教"的小圈子。**上海商贸职业教育集团**自2009年开始帮助院校解决企业师资聘请困难,积极开发企业资源,大力推进教师下企业工作,2010年成为全市首批教师企业实践基地。集团每年都召开校企合作座谈会,引导学校与企业牵手合作项目,根据院校单位的需求,寻找与企业的合作点,策划合作项目,着力推进校企合作项目研发基地建设。**上海现代农业职业教育集团**以国家"三农"政策为依据,坚持面向农业、面向市场、面向基层、面向未来的人才培养方向,加强校企深度合作,服务全国农业职业教育和农业发展,集团创新校企科技项目合作模式,提升协同攻关能力,开发了园林技术专业的教学标准,建成市级教师"优秀企业实践基地"。**上海旅游职业教育集团**与集团内多家企业合作开展的"咖啡调制""职旅游线路设计"等赛项,对成员院校提升学生专业技能、提高教师教学能力作用明显;集团与上海文化旅游局合作编制的世界技能大赛西餐服务项目国际标准,不仅能为旅游院校西餐教学提供前沿教学参考,而且可为高端酒店西餐服务岗位培训提供参考依据。**上海新闻出版职业教育集团**不断强化"部市共建主导下的校企合作体制机制建设"项目,聚焦各方优质资源,推进和完善"人才共育、过程共管、成果共享、责任共担"的紧密型合作办学体制机制,积极主动与集团相关成员企业成功申报产教融合型企业建设,集团内上海印刷(集团)有限公司等四家企业被确认为2020年上海市产教融合型企业建设培育单位。**上海化工职业教育集团**积极探索校企"八共"育人模式,即校企共建对话机制、共组冠名班级、共筑实训基地、共构标准体系、共培企业员工、共育教师团队、共办技能大赛、共设奖励基金,在骨干教师培训、教研室主任培训、课题研究、论文评优和名师工作室"五大"载体上全面推进各项工作,成果丰硕。

(四) 集团化是职业教育促进区域经济社会发展的综合平台

职教集团紧密对接区域人才需求,助推区域经济社会发展;与产业结构匹配,服务区域产业升级,提升区域职业院校整体办学水平。**上海市崇明区职业教育集团**服务世界级生态岛建设,整合职成教资源,成立培训协作组,开展"农民专业合作社社员"培训,直接服务于全区 1 400 多个农民专业合作社,每年从培训中直接受惠农民达 1 万多人次,形成国家级农村职业教育和成人教育示范区的成功案例。**上海松江区职业教育集团**牵头创建了"松江职业教育"李聪中式烹饪、洪永楠汽车运用与维修等 5 个区级技能大师工作室,为深化区域产教融合和校企合作、服务松江 G60 科创走廊建设和松江经济社会发展提供了有力支持,吸引了"大国工匠""技能大师"等进入应用型本科、高职、中职院校,深入职业教育课堂,推动松江区教育教学和人才培养模式改革,提高松江区职业教育人才培养质量。**上海黄浦职业教育集团**建设了首个上海区域职业体验学习中心,积极开展中小学生职业体验活动;联手区就业促进中心,成立上海首个中职创业指导中心,以现场培训、体验、线下交流和在线课堂等方式提供专业指导;联合区人社局开展夜间经济消费发展人才培训;建立黄浦区电商创业培训实训基地,以创业公开课等形式,全方位助力电商领域青年创业。**上海徐汇区职业教育集团**建立了服务区域内企业的人才需求发布机制,开发并实施服务初中学生的职业体验式劳技课程,开发服务社会的职业培训资源库,大力推进服务职工的企业职业技能培训,开发服务家长的家庭教育指导用教材(《徐汇区家长学校读本》),组织实施服务居民的宣传职业教育优质资源的活动。**上海市奉贤职业教育集团**紧密服务奉贤区社会经济发展,以配合"奉贤新城"建设为主要目标,紧抓"东方美谷＋未来空间"发展契机,提升区域职业教育"校企适配性",致力于将区域职业教育改革融入地方经济发展。

(五) 集团化是职业教育服务国家发展战略的崭新载体

上海各职教集团积极服务长三角一体化、"一带一路"、对口支援西部与民族地区等国家战略,履行集团社会职责,为促进教育公平发力。**上海电子信息职业教育集团**与楚雄州政府签订结对帮扶战略合作协议,精准对接楚雄州多元需求,从职教理念更新、教学能力提升以及专业改革能力、课程建设能力和实践基地建设能力增强等方面,通过培训研习、上门指导、挂职锻炼、国外考察和专业对接等帮扶渠道,对楚雄州职业教育进行帮扶,有效发挥辐射作用,形成大平台多渠道对口支援的新格局,带动了楚雄州职业教育发展并帮扶楚雄建立了职业教育集团。**上海建筑职业教育集团**于 2017 年成立"一带一路"建设技术学院,设立鲁班学堂,举办"一带一路"共建国家技术人员培训班,来自柬埔寨、印度尼西亚、尼泊尔、斯洛伐克等 11 个国家与地区的学员来我国参加研修;集团还派出专业教师赴印度尼西亚为当地培训技术人员,深化了"一带一路"合作项目,提升了集团在国际上的影响力,为中国职业教育走向世界开辟道路。**上海嘉定职业教育集团**以服务"长三角区域一体化发展"战略为目标,建立职教资源共建、信息共享、成果共赢的嘉昆太职业教育联动发展机制,作为"嘉昆太"协同创新核心圈内容之一,集团研究、实施及基本形成融入嘉昆太区域职业教育资源共建、信息共享、成果共赢的三地职业教育新常态,建立了汇聚三地联盟的人才需求发布制度,形成多向融通人才共享平台。**上海市青浦区职业教育集团**研究出台《促进长三角示范区产教融合、校企合作的实施方案》等,集团成员院校与吴江、嘉善两地开启中高职跨省招生,牵头构建长三角示范区职业教育协同创新平台等,在示范区内发挥着一定的辐射引领作用。**上海长宁**

现代职业教育集团主动承接云南红河对口支援任务，开展对口学校专业建设指导，选派教师参加云南、新疆支教任务，承接红河学生、滇西学生来沪就读，将上海优质的教育资源共享到西部地区，发挥了上海职业教育的辐射作用。

四、基于评价，扎实推进职教集团提质增效转型升级

职教集团运行绩效评价已成为本市职教集团常态工作。通过评价，集团进一步明确了发展方向和新一轮发展目标，本市的市、区两级教育行政管理部门、中高职院校和有关单位充分认识到推进职业教育集团化办学的重要意义。

在后续职教集团化办学和绩效评价工作中，将进一步明确职教集团化办学的工作定位，落实职教集团化办学的支持政策，加强职教集团化办学的组织领导，完善行业和区域职教集团治理结构，注重职教集团化办学的探索创新，扎实有效地开展实验探索，把加强职教集团内涵建设作为深化产教融合、校企合作的重要抓手，以服务发展为宗旨、促进就业为导向，以完善现代职业教育体系为引领，以提高技术技能人才培养质量为核心，进一步激发职业教育办学活力，促进优质资源开放共享，全面增强职业教育集团化办学的活力和服务能力，打造上海职教集团品牌，发挥示范引领辐射作用。

第二篇

"十三五"上海市职教集团优秀典型工作案例

质量为王　标准先行
推进护理校外实践教学基地同质化建设

上海现代护理职业教育集团　杜　苗　王晓巍　马　静　朱爱勇

摘　要：以上海现代护理职业教育集团为平台，产教融合、校企合作为手段，探索和推进不同护理校外实践教学基地之间护理实践教学质量同质化建设。以学生为中心，以就业为导向，以培养护理专业学生岗位胜任力为宗旨，由学校与基地深度融合，共同协作，完成基地建设、师资培养、形成性评价、基地管理的分类同质化建设，以期在提升护理人才培养质量的同时，提升基地护理人才队伍建设及院校双方自身建设水平。

关键词：产教融合；护理；校外实践教学；信息化建设；同质化建设

一、实施背景

在《国家中长期人才发展规划纲要（2010—2020 年）》中，护理人员被列为医药卫生急需紧缺专门人才，国家急需大批的高素质应用型护理人才，校外实践教学是应用型护理人才培养的重要实践教学环节，对提高学生的临床思维能力，提升专业认可度与临床适配度有极其重要的意义。加强护理院校校外实践教学基地建设，是人才培养与社会需求有效对接的基础，是培养高素质护理人才的重要途径。护理校外实践教学具有地点分散、周期长、任务重的特点，如何从学生、教师、管理与评价三个层面做到全程、高效的同质化管理，以保障校外实践教学质量，是我们所面临的主要问题。

为进一步规范护理校外实践教学，2019 年教育部发布的《关于加强和规范普通本科高校实习管理工作的意见》及《关于进一步加强职业学校学生实习管理工作的通知》中对实习基地建设、实习管理的规范化、同质化、信息化均提出了相应要求。因此，为扎实推进护理校外实践教学基地同质化建设，实现见实习基地"六个统一"，即统一督查标准、统一规章制度、统一实习教材/手册、统一师资要求、统一教学进度、统一出科考试，在上海市教委职教处的指导下,在上海市教委教育技术装备中心的组织管理下,集团开展本研究——产教融合背景下护理校外实践教学基地同质化建设探索。

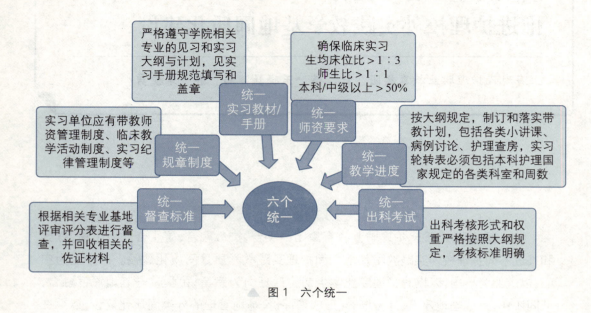

图 1　六个统一

二、实施目标

(一) 分类建设《护理专业实践教学基地评审标准》

根据综合性医院、专科医院、社区卫生服务中心、养老机构等校外实践基地的不同性质与教学要求,分类建设基地评审标准,做到分类统一。

(二) 同质化基地带教师资力量

通过专题师资培训,提升基地教师带教能力,逐步实现为校外实践教学基地的同质化施教。

(三) 加强基地管理信息化建设

通过信息化技术与基地管理的深度融合,逐步实现基地教学管理信息化与同质化。

三、实施过程

(一)《护理专业实践教学基地评审标准》的修订与应用

(1) 联合上海现代护理职业教育集团成员单位,分类建立"基地评审标准建设专家库":其中适用性专家库 5 人,主要为护理教育管理专家、护理院校管理专家及护理专业教授;综合性临床实习基地专家库 15 人,主要为综合性临床实习基地科教管理专家、护理管理专家、临床教学专家等;专科性临床实习基地专家库15人,主要为妇产科、儿科、精神科临床教学管理专家级临床教学专家;社区实习基地专家库10人,主要为社区实习基地科教管理专家、护理管理专家、临床教学专家等;养老实习基地专家库5人,主要为养老实习基地科教管理专家、护理管理专家、临床教学专家等。在遵循权威性、代表性与地域性相结合的原则基础上,专家入组标准为:职称在中级职称及以上,相关领域工作年限≥10年。

（2）根据教育部高等教育司《关于实施普通高等学校本科专业类教学质量国家标准的通知》（教高司〔2017〕62号）、《关于进一步加强职业学校学生实习管理工作的通知》、《上海健康医学院实践教学基地建设指南》（沪健医教务〔2018〕13号）等文件要求,以及走访中遇到的问题,整理编写《护理专业实践教学基地分类评审评分标准（试行）》。随后组织集团成员单位学校教务处实践教学管理相关人员、护理专业校外实践教学管理相关教师,以及"基地评审标准建设专家库"相关专家,召开基地分类评审评分标准专家会议,根据学校、学院及专家意见,课题组商讨后,对评分标准进行逐条修订,形成最终版本。

（3）按照修订的《护理专业实践教学基地分类评审评分标准》对38家校外实践教学基地进行督查,在督查中发现问题及时修订,做到标准的分类统一。并通过统一督查标准,进一步推进实践教学基地的同质化建设。

（二）根据需求,录制"校外实践教学基地带教老师教学能力提升培训"课程,为同质化施教奠基

（1）根据校外实践教学大纲及相关文件对基地带教老师要求,借鉴国家级继续教育学习班"应用'标准化病人'提升临床护理教学能力研讨班"的成功经验,初步制定"校外实践教学基地带教老师教学能力提升培训"模块及主题。

（2）问卷调查。联合上海现代护理职业教育集团成员单位院校,依据实习大纲等要求,形成"临床教学能力提升培训需求"调查表,对不同类型实践教学基地教师进行"临床教学能力提升培训需求"调查,根据调查结果调整以上培训主题,并进行进一步专家会议讨论。根据专家会议法规对专家要求,邀请相关专业领域专家5人,结合临床带教老师需求形成"校外实践教学基地带教老师教学能力提升培训"主题终稿。

（3）课程录制。根据实习中所涉及的环节:学校管理、基地管理、教师带教等,将培训课程分为三大模块:学院教师话实践、我心中的你、带教老师谈带教,通过学校老师的讲解,使基地管理者与带教老师理解学校对校外实践教学的要求、同质化建设的重要意义;通过临床管理者、带教老师、优秀实习生访谈,分别为优秀带教老师、优秀实习生、合格新职工进行画像,明确实践教学的目标与任务;通过带教老师带教经验交流,分享好的实践教学方法,提升实践教学质量。根据实践教学基地教师工作时间不固定、集中授课难度大的特点,将定稿培训主题切片,邀请相关领域专家进行微课录制,每次课10分钟左右,便于教师利用碎片化时间进行学习,对于重点问题可进行反复学习,并且可在学习中进行经验交流与院校沟通。

(三) 校外实践教学基地优秀带教老师评选

对我学院校外实践教学基地带教老师进行评优,树立每个基地的榜样与标杆,并对优秀带教老师的先进事迹在院刊进行宣传,以充分调动各教学基地带教老师的积极性,从而提升校外实践教学的内涵质量。

(四) 校外实践教学基地信息化管理平台建设

依据"亿方云"信息化软件的使用情况,根据见实习管理过程中存在的问题设计校外实践教学基地管理微信小程序功能与模块,并进行初步建设。信息化管理平台基本模块包括基础信息管理、实习考核管理、实习资料管理等。并根据使用信息化平台用户的类别,设置不同的用户权限。

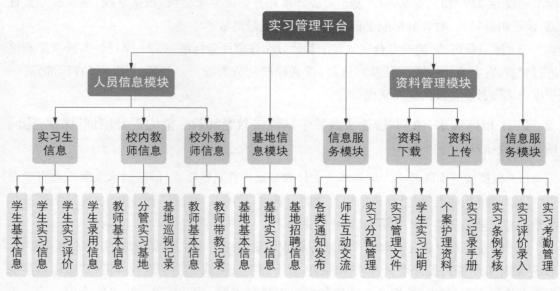

▲ 图2　实习管理平台

四、实施保障

(一) 政策引领,精准发力

教育部高等教育司《关于实施普通高等学校本科专业类教学质量国家标准的通知》(教高司〔2017〕62号)、《上海健康医学院实践教学基地建设指南》(沪健医教务〔2018〕13号)等文件,对护理专业校外实践教学基地提出了明确的要求,为拟定《护理专业实践教学基地评审评分标准(试行)》提供了政策依据。教育部高等教育司在《〈普通高等学校本科专业类教学质量国家标准〉有关情况介绍》中指出应做到"标准为先、使用为要",提示我们应根据实际情况,制定切实可行的评审标准,让标准发挥以标促改、以标促建的作用。

▼ 表1　校外实践教学基地督查评价表

见实习基地简称	学院带教老师	督查日期	督查科室	督查学生人员	护理部对接人员	督查形式	督查结果	初步评价	督查评价
六院	陈敏贤	2021/9/23	肾脏内科、消化内科、妇科产科、急诊等7个科室	本科18人、专科24人	护理部总带教	√学生座谈 √科室巡查 √护理部沟通 √档案查看 √回收材料	√基地评审评分表达80分以上 √见习管理的规章制度齐全 √带教计划符合实习大纲 √带教师资队伍充足且目有评聘制度 √实习安排与轮转表一致 √出科考规范统一、手册填写规范	A+	六院是个有多年合作带教经验的教学医院。教学管理规范，有充足的带教教师师资队伍且目有成熟的带教聘制度。在实习安排上与科考有统一的评分标准，出科考有有统一。实习手册完整、规范，科室定期开座谈会，注重听取学生意见和建议，注重人文关怀管理。反馈评价都很不错。
七院	马静	2021/9/27	神经内科、传统医学科、手术室、妇产科等6个科室	本科40人	护理部总带教	√学生座谈 √科室巡查 √护理部沟通 √档案查看 √回收材料	√基地评审评分表达80分以上 √见习管理的规章制度齐全 √带教计划符合实习大纲 √带教师资队伍充足且目有评聘制度 √实习安排与轮转表一致 √出科考规范统一、手册填写规范	A	七院今年第一年成为我校的教学实践基地，具有中西医结合特色、带教队伍结构合理多样，教学培训多样特色，在教学管理规范，教学安排上考虑到医院特色，在遵循教学大纲的基础上，融入医院文化和护理特色教学。出科考核规范。实习手册填写符合要求、教学处和护理部定期开展座谈会听取学生意见。

续表

见实习基地简称	学院带教老师	督查日期	督查科室	督查学生人员	护理部对接人员	督查形式	督查结果	初步评价	督查评价
仁济南院	瞿晓萍	2021/9/20	风湿科、心内科、手术室、呼吸科、骨科、内科、妇产科、监护室、肾血科、儿科	本科8人、专科26人	护理部总带教	√学生座谈 √科室巡查 √护理部沟通 √档案查看 √回收材料	√基地评审评分表达80分以上 √见实习管理的规章制度齐全 √带教计划符合实习大纲 √带教师资队伍无足且有评聘制度 √实习安排与规范一致 √出科考转表统一、手册填写规范	A	医院根据学习计划和实习大纲制定各专业实习计划，各科室实习都有专人带教，带教过程中对学生严格要求，重视学生的个体差异，及时了解护生的问题，积极引导，注重理论知识和操作技能的融会贯通，为学生提供了良好的实习氛围。
周浦	瞿晓萍	2021/9/22	普外科、心内二、手术室、儿产科、呼吸内科、创外科、急诊、儿科	专科26人	护理部总带教	√学生座谈 √科室巡查 √护理部沟通 √档案查看 √回收材料	√基地评审评分表达80分以上 √见实习管理的规章制度齐全 √带教计划符合实习大纲 √带教师资队伍无足且有评聘制度 √实习安排与规范一致 √出科考转表统一、手册填写规范	A	护理部对护生下临床之前有统一的入院教育，各科室也在学生第一天末的时候安排相应的入科教育。护理部每月均安排护生进行护理查房或小讲课，带教老师备课充分，挑选的病例典型、病例资料准备充分。根据护理部教学计划严格执行。周浦实习医院带教氛围非常好，关注实习生的成长，对特殊实习生关心，给予耐心，让学生能顺利实习，提升能力。

续　表

见实习基地简称	学院带教老师	督查日期	督查科室	督查学生人员	护理部对接人员	督查形式	督查结果	初步评价	督查评价
中山	沈诞	2021/10/15	血管外科、骨科、肝外、心外	专科8人、本科8人	护理部总带教	√学生座谈 √科室巡查 √护理部沟通 √档案查看 √回收材料	√基地评审评分表达80分以上 √见实习管理的规章制度齐全 √带教计划符合实习大纲 √带教师资队伍充足且有评聘制度 √实习安排与轮转表一致 √出科考规范、手册填写规范	A	此次督查通过护理部沟通、交流实地巡查、档案查看等形式，实习基地中山医院护理部各类规章制度齐全、规范。带教计划根据自身医院特色，基本符合学院实习大纲要求。有严格的临床带教评聘制度。具有规范、统一的出科考试计划和流程，实习手册填写规范。临床科室根据自身特点能够计划性地安排实习生进行病例讨论、小讲课等理论与实操相结合的带教内容。实习安排与轮转表一致。

▶ 表2　信息化管理平台用户类别与权限

实习管理平台		实习管理带教教师	学校带教教师	基地总带教	科室带教教师	辅导员	实习学生大组长	实习学生
人员信息模块								
实习生信息	学生基本信息	3	3	2	2	3	1	1
实习生信息	学生录用信息	3	2	2	0	3	2	1
学校教师	带教教师基本信息	3	3	2	0	3	2	2
学校教师	辅导员基本信息	3	3	0	0	3	1	2
基地教师	总带教基本信息	3	2	2	2	0	2	2
基地教师	科室带教基本信息	0	0	2	2	2	2	2
基地信息模块								
	基地基本信息	3	2	3	2	3	2	2
	基地轮转表信息	3	2	2	2	3	2	2
	基地招聘信息	3	3	2	0	3	2	2
实习医院管理								
	实习分配管理	3	3	2	0	3	3	3
	停实习	3	2	2	0	3	1	1
	转实习	3	2	2	0	3	2	1
信息服务模块								
考勤管理	病假	3	2	2	0	2	2	1
考勤管理	事假	3	2	2	2	2	2	1
考勤管理	公假	3	2	2	2	2	2	1
考勤管理	调休	3	2	2	1	2	2	1
巡视管理	基地巡视记录	3	2	0	0	0	0	0
巡视管理	问题处理流程	3	2	2	2	2	2	1
巡视管理	意外情况处理	3	2	2	2	2	2	1
师生交流	各类通知	3	2	2	1	2	2	1
师生交流	互动交流	3	3	3	1	3	3	3
资料管理模块								
资料下载	实习规章制度文件	3	3	3	2	3	2	2
资料上传	实习档案材料	3	2	2	2	2	1	1
资料上传	实习个案手册	3	2	0	0	0	1	1
资料上传	实习管理案例	3	2	0	0	0	1	1
实习考核模块								
	实习评价录入	3	2	2	1	2	1	1
	实习考核	3	2	0	0	2	2	1

权限说明：

3 指所有基地和班级的权限；2 指自己所负责医院/班级的权限；1 指自己个人的权限；0 指无任何权限。

（二）基地多样，资源丰富

目前集团护理专业实践教学基地涵盖综合性医院、妇婴专科医院、儿科专科医院、精神卫生专科医院、社区卫生服务中心、养老机构、合资医院等类型，基地多样化，可为分类标准的制定与实施提供资源。特别是"社区联盟护理实践教学基地"的成立，为社区实践教学基地评审标准的制定与实施奠定了良好的基础。

五、特色与成果

（一）《护理专业实践教学基地评审标准》的分类统一

质量为王，标准先行，没有统一的评审标准，同质化建设就无从谈起，然而因护理专业校外实践教学基地种类多样，若使用同一标准则难以真实反映基地教学质量，因此，根据基地性质与特点进行归类，制定分类标准，是标准用起来而非束之高阁的有效保障。

（二）培训课程的模块化与碎片化

三大模块，22 个微课，包含学校要求、基地特色、教师期望、学生感受、管理手段、教学方法、教授经验等内容，既满足临床教师碎片化学习的特点，又具有涵盖了实践教学的全员（学校管理者、学校教师、基地管理者、基地带教老师、学生）、全过程（学生、实习生、新职工）、全方位的特点。

（三）实践教学管理信息化

信息化是实现校外实践教学基地同质化建设的有效载体，通过微信小程序可实现校企双方在实践教学管理过程中的无缝对接，从实习需求信息到实习过程实现全程动态管理。

六、体会与思考

校外实践是护生角色转变、提升职业认同的重要时期，是护生正式入职的适应期和转变期，高质量校外实践教学有利于护生今后的持续发展，对提高护生的综合素质有举足轻重的作用。如何推进众多校外实践教学基地的同质化建设，保障不同实践教学基地间相同的教学质量是我们校外实践教学管理一直以来的重点与难点，我们应以分类统一的基地评审标准为抓手，借助信息化管理手段，着眼于提升教师教学能力与内涵，扎实推进同质化建设。

十年一剑　加强集团化办学校企专兼教师双师素质培育

上海交通物流职业教育集团　鲍贤俊　楼伯良　吴国伟

摘　要:百年大计,教育为本;教育大计,教师为本。上海交通物流职业教育集团创建 10 多年来,始终坚持"共建、共享、共赢"的合作准则,秉持"一心、一体、一流"的办学理念,高度重视集团化办学的校企专兼教师双师素质培育,用较厚实"形散神合、优势集聚、品牌辐射、资源共享"的办学成果,走出一条特色化、集团化和多元化办学的改革发展之路。2020 年 10 月 15 日,本集团被教育部批准为全国第一批示范性职业教育集团(联盟)培育单位。

关键词:职教集团;十年一剑;双师素质;师资培训

一、实施背景

(一) 联盟背景

上海交通物流职业教育集团是 2007 年 12 月经上海市教委批准,由上海交院(交校)作为牵头与发起单位,联合本市和部分外省市相关职业院校、企业集团和行业协会共同参与的职业教育联合体和非独立法人团体。集团以交通物流(物流＋汽车＋水运＋智能交通)类专业建设为纽带,以实现资源共享为目的,各法人单位以契约方式加入集团。集团成员单位在自愿基础上,在产权、所有制和人事行政隶属关系不变前提下,实现了"校企合作、校协(政)联手、校研结合、校际联合"。集团创建以来,依托行业(企业)的支撑,奉行"共建、共享、共赢"的合作准则,秉持"一心、一体、一流"的办学理念,用较厚实"形散神合、优势集聚、品牌辐射、资源共享"的办学成果,走出一条特色化、集团化和多元化办学的改革发展之路。

截至 2020 年 12 月,集团成员单位从成立之初 23 家,发展至 68 家(其中:行业协会 8 家、科研单位 1 家、企业 25 家、中职 24 家、高职 7 家、本科 3 家)。成员单位包括来自北京、青海、宁夏、江苏的相关企业和职业院校。从 2011 年起,本集团作为全国交通运输集团化办学的发起人,构筑了与国家经济一体化协同发展相对接的"京津冀沪宁晋川交通职业教育集团办学联盟",使本集团再次走上一条产教融合校企合作"跨系统、跨行业、跨产业、跨区域"的改革发展之路。

2020 年 10 月 15 日,本集团被教育部批准为全国第一批示范性职业教育集团(联盟)培育单位。

(二) 实施背景

宏观因素——百年大计,教育为本;教育大计,教师为本。教师是教育发展的第一资源,是立教之本,兴教之源,也是国家富强、民族振兴、人民幸福的重要基石。中观因素——在新时代,所有职业教育的教师,均担负着"以匠心育工匠"的历史使命。微观因素——在本集团看来,千方百计"办好人民满意的教育",落到集团自己的份上,就是要"咬定青山不放松",找到自己科学准确的定位,着力破解制约集团成员院校"双师型"教师队伍建设瓶颈和难点,包括着力破解职业教育教师队伍中存在的企业经验不足、职前准备不充分,研究能力和社会服务能力不强等问题,且始终坚守培养"工匠之师"的培养目标。

二、实施目标

鉴于集团成员院校教师队伍中存在"双师型"素质的短板,为此,集团从创建之日起,就高度重视集团化办学专兼教师双师素质培育。10 多年来,集团确立"十年一剑,铸就品牌"的总体目标是:坚持一年一度集团层级教师培训,建设一流的集团化办学双师队伍。具体目标是:

(一) 注重集团教师的政治引领

按照有理想信念、有道德情操、有扎实学识、有仁爱之心的标准,本集团在开展集团层级教师培训中,始终将教师理想信念学习教育,融入教师培训之中,坚定"四个自信"。同时,主动助力集团成员院校在人才引进、人才选聘、课题申报、职称评审等过程中,加强对教师思想政治素质和师德师风等方面的考核,引导教师做社会主义核心价值观的坚定信仰者、积极传播者和模范践行者。

(二) 促进集团教师的提升发展

结合集团一年一度的教师培训,主动助力集团成员院校深化教师培训工作,完善新进教师规范化培训和专业主任轮训制度,主要依托交通运输行指委、高职专指委和相关行业企业,开展不同层次教师双师素质培训,提升教师的专业素质和教学能力。同时,主动助力集团成员院校遵循教师成长发展规律,以中青年教师和创新团队为重点,优化中青年教师成长发展、脱颖而出的制度环境,培养一批具有国际视野、能在行业发挥引领作用的专业带头人,服务国家和上海重大战略,在人才培养方面取得突出成效。

(三) 建设集团高水平双师队伍

结合集团一年一度的教师培训,主动助力集团成员院校提升专任教师实践能力,主要依托高技能人才培养基地和相关行业企业,建立教师企业实践基地,全面落实教师每5年必须在企业实践1年以上制度。同时,主动助力集团成员院校落实《国家职业教育改革实施方案》关于"双师型"教师队伍建设相关要求,将教师是否取得与本专业相关的高水平职业资格证书作为教师聘任的重要依据,提高"双师型"专任教师比例。针对交通物流行业高技能人才的特点,结合集团成员院校实际,制定行业技能大师进入集团成员院校的入职任教标准,大力拓宽从行业聘任高技能人才的渠道。努力打造一支拥有国家名师、行业名匠的高水平双师素质教师团队。

三、实施过程

(一)十年一剑,始终坚持一年一度教师培训

本集团创建10多年来,每年度坚持开展的集团层级校企专兼教师双师素质培训,如表1所示。

表1 2008—2020年集团层级校企专兼教师双师素质培训一览

年度	培训时间	培训地点	培训班名称及培训内容	培训人数	培训证书
2008	7.28—8.1	浙江宁波	集团"交通物流双师素质骨干教师培训班",包括组织现场考察调研宁波北仑港口	64	交通行指委
2009	7.10—7.14	上海海大	组织及参与上海国际航运中心建设与物流发展专题骨干教师培训	28	交通行指委
2010	7.3—7.4	上海	上海交通物流职教集团物流专业教师培训	54	职教集团
2011	6.27—6.30	上海	集团现代物流综合技能训练平台师资培训	75	职教集团
	6.30—7.4	上海	组织及参与全国交通职业教育教学指导委员会"双师资"专业团队能力提升培训	50	交通行指委
2012	7.18—7.22	云南昆明	组织参与全国交通高职高专工学结合课程改革物流新教材使用培训	25	交通行指委
2013	7.15—7.19	重庆交大	集团"数字化教学及交互智能平台运用"师资培训	54	交通行指委
2014	8.18—8.22	山东青岛	集团"交通运输管理类专业职业资历架构及理实一体化课程设计"培训,包括考察调研该地现代物流企业	38	交通行指委

年度	培训时间	培训地点	培训班名称及培训内容	培训人数	培训证书
2015	7.13—7.17	辽宁交专	集团"交通运输管理类专业职业资历架构及理实一体化课程设计"培训	37	交通行指委
2016	7.18—7.22	北京	集团"互联网＋交通运输管理类专业"培训	42	交通行指委
2017	7.17—7.21	连云港市	集团交通运输管理类教师专业能力提升培训	42	交通行指委
2018	7.18—7.22	安徽芜湖	集团"互联网＋交通运输管理类专业"培训,包括组织调研考察现代物流企业	42	交通行指委
2019	7.15—7.19	江苏常州	集团交通运输管理类专业教师能力提升培训,大数据/人工智能在物流场景的应用,信息化实践教学应用实战等	38	交通行指委
	7.22—7.26	浙江杭州	集团新能源汽车专业师资能力培训,包括组织专题调研考察阿里巴巴	32	职教集团
2020	8.10—8.15	上海(线上)	集团汽车、物流专业教师与企业特聘兼职教师能力培训,新能源汽车运用与维修,大数据与供应链管理等	70	交通行指委

(二) 铸就品牌,凸显当今时代教师队伍建设

总结与提炼本集团努力铸就校企专兼教师双师素质培训的品牌,其每年度推进双师素质培训实施方案主要特色,可用以下"六个坚持"加以归纳。

1. 坚持把先进教育理念应用于双师培育

业内知晓,在先进教育理念的指导下,所形成职业院校办学特色,它一定会成为学校一种优秀传统、一种情怀和一种追求。它还能引领、支撑与助推教师的教学实践活动和学校的全面和谐发展。为此,本集团在策划与落实每年度双师素质培训方案时,始终坚持把"职业教育目的"和"大职教主义"理念(包括用科学来解决职业教育问题,用职业教育来解决平民问题,使无业者有业、使有业者乐业;产教融合、校企合作;人人皆可成才、人人尽展其才;工匠精神是职业教育灵魂等)融入其中。

2. 坚持把先进教学手段应用于双师培育

长期以来,提高教学质量,已成为职业教育发展的生命课题。而持续推进教学方法和手段改革,并能用先进教学方法和手段实施教学,对于提高职业教育的教学质量有着极其重要

的作用。为此,本集团在实施每年度双师素质培训时,始终高度关注使用先进教学方法和手段介绍与培养。如 2013 年暑期,本集团组织专业骨干教师赴重庆交通大学学习培训的主题,就是数字化教学及交互智能平台运用。

3. 坚持把理实一体教学应用于双师培育

20 世纪 20 年代,中国职业教育理论和实践探索者的代表黄炎培,就提出了"只从职业学校做工夫,不能发达职业教育;只从教育界做工夫,不能发达职业教育;只从农、工、商职业界做工夫,不能发达职业教育"的大职教理论和理实一体教学思想。为此,本集团在确立与开展每年度教师双师素质培训时,始终坚持把理实一体化教学内容应用于双师培育。如 2014 年暑期,本集团组织专业骨干教师赴山东青岛学习培训,以及 2015 年赴辽宁交通高等专科学校学习培训,确立的培训主题,就是交通运输管理类专业职业资历架构及理实一体化课程设计。

4. 坚持把新一代信息化技术应用于双师培育

当今时代,经济发展日新月异,行业边界日渐模糊。技术复合和跨界融合层出不穷。在摩尔定律①大环境下,各个领域(含行业和区域产业)新技术、新知识激进式发展。大数据、云计算、物联网、智慧城市、智能交通、智能制造等新技术激进式刷新。为此,本集团在落实与开展每年度教师双师素质培训时,始终坚持把新一代信息化技术应用于双师培育。如 2016 年、2018 年暑期,本集团组织专业骨干教师先后赴北京、赴安徽芜湖学习培训,确立的培训主题,就是"互联网＋交通运输""物流、供应链＋大数据"。

5. 坚持把最新专业职业标准应用于双师培育

当今,实施职业教育的"五个对接",似乎已成为推进职业教育发展的必然。"五个对接",即:专业与产业、职业岗位对接;专业课程内容与职业标准对接;教学过程与生产过程对接;学历证书与职业资格证书对接;职业教育与终身学习对接。其中,专业课程内容与职业标准对接,主要是指根据产业转型升级对职业标准提出的新要求,将职业标准融入课程标准、课程内容的设计和实施中。为此,本集团在推进专兼教师双师素质培训时,始终高度关注把职业教育"五个对接"要求,尤其是把培训课程的内容,以及最新的专业标准和职业标准应用于双师培育。

6. 坚持把立德树人思政课程应用于双师培育

"立德树人"是五千多年中华文化孕育出的育人路径,但随着时代发展和社会进步,其内涵也在不断丰富、创新和发展。党的十八大提出,要把"立德树人"作为教育根本任务。党的十九大再次强调"要全面贯彻党的教育方针,落实立德树人根本任务"。当今思政课程是最

---

① 摩尔定律是英特尔创始人之一戈登·摩尔的经验之谈。其核心内容为:集成电路上可以容纳的晶体管数目在大约每经过 24 个月便会增加一倍。换言之,处理器的性能每隔两年翻一倍。摩尔定律是行人的经验之谈,汉译名为"定律",但并非自然科学定律,它一定程度揭示了信息技术进步的速度。

直接落实"立德树人"根本任务的关键课程。强调"立德树人"在高等院校(包括中高职院校)教学工作中的核心地位,这是新时代赋予职业院校新的历史使命和最大的目标。为此,本集团无论是过去,还是将来,在推进集团化办学一年一度的校企专兼教师双师素质培训时,均已且均需高度关注,尤其是把打造"工匠精神"作为职业教育"立德树人"的特征和灵魂,并始终把"立德树人"思政课程内容应用于双师培育之中。

四、实施保障

10多年来,本集团在加强集团化办学教师培训中,除在组织保障、机制保障、管理保障、经费保障上给集团专兼教师培训提供支持和支撑外,更为强调在集团化办学资源共享方面提升集团成员院校专兼教师双师素质,尤其是在特聘兼职教师资助管理和在职教师培训方面提供较厚实的基础保障。

(一)在特聘兼职教师资助管理方面

(1)持续优化完善集团内部特聘兼职教师资助管理机制,积极引进集团成员院校专业发展急需的企业人才担任兼职教师。

(2)集团每年度认真落实市教委对特聘兼职教师资助管理工作,对特聘兼职教师资质申报、聘用过程、成效进行有效管理。

(3)建立健全集团特聘兼职教师培训的长效机制,各项培训做到有制度、有计划、有记录、有成果。

(二)在集团层级在职教师培训方面

(1)建立健全集团在职教师中长期集团层级专业化培训制度,组织集团层面师资培训项目和课程的开发与实施。

(2)有计划地安排集团成员院校专任教师,尤其是专业教师到集团内企业实践。

五、特色与成果

职业教育发展关键看教师,教师素质关键看"双师",特别是"双师型"教师队伍的规模、结构、素质、来源。自2007年12月起,本集团通过10多年的精心培育(包括集团层级的教师培训),首先集团成员院校交通运输类(物流、汽车、水运、智能交通)专业"双师型"教师的占比已超过国家规定过半要求。统计截至2020年12月,本集团成员院校相关专业系部专任教师超过4 800人,其中:专业教师超过924人,"双师型"教师超过515人,占比达55.7%;中职专任教师超过3 174人,专业教师超过615人,"双师型"教师占比55.3%;高职专任教师超过1 626人,专业教师超过309人,"双师型"教师占比56.7%。同时,集团成员院校有国家级职业教育教师教学创新团队6个,省市级教师教学创新团队11个;国家级教学名师5人,省市级教学名师37人。其次,集团教师在推进集团化办学理论研究和实践探索方面,特色与成果斐然。

（一）十年一剑，教师在理论研究方面铸就品牌

1. 编撰学术专著

2015 年 3 月，集团率先在全国发表上海市教育科学研究项目专项成果集《现代职教体系构建背景下集团化办学内涵建设创新研究》学术专著。全书内容为七编 22 章。主要包括：职业教育集团化办学体制机制的研究与实践、集团化办学评价体系的开发与研究、集团化办学"立交桥"的研究与实践、集团化办学人才培养模式的创新研究、集团化办学国际化人才培养的研究与实践、集团化办学内涵建设的研究与实践等。

2. 获奖教学成果

2013 年申报的"上海交通物流集团化人才培养'综合技能训练平台'建设与实践"和"上海职教集团绩效评价标准研发与建设"项目分获上海市教学成果二等奖。2018 年申报的"集团化办学背景下学分互认课程衔接中高职贯通培养创新实践"获上海市教学成果二等奖。

3. 出版发展报告

2018 年 12 月，率先在全国参与编制及出版《上海市职教集团十年发展报告暨优秀案例专辑（2007—2017）》。全书内容分四编：第一编"发展报告"，第二及第三编"优秀案例"，第四编"绩效评价研究"。

（二）引领示范，教师在实践探索方面铸就品牌

1. 专业品牌建设

率先在全国构筑以交通物流类专业为纽带集团化办学专业品牌。示范品牌由"物流管理"类专业拓展至"物流＋汽车＋水运＋智能交通"。

2. 贯通培养创新

率先在全国开发并运行集团化办学背景下"点对面"（集团一所高职对若干所中职）学分互认课程衔接中高职教育贯通培养模式试点。

3. 教学资源共享

率先在全国开发并运行以新一代信息技术为依托的"现代物流""汽车维修""内河船员""智能交通"综合技能训练平台，以及在线网络课程（MOOK）学习平台、中高职共建共享数字化教学资源和现代物流职业技能考核鉴定平台。

4. 专兼双师培育

围绕专兼结合"双师"团队建设，强化一年一度集团层级专业骨干教师培训，强化一年一度企业特聘兼职教师资助，强化与发挥集团大师（名师）工作室作用。

5. 人才供需对接

率先在全国开发并运行产教融合校企合作及集团专业动态响应的上海市"汽车维修类"

"物流管理类"技术技能人才供需交流平台。

6. 服务学生就业

率先在全国运作一年一度以"心系交通天地,放飞青春梦想"为主题的集团大型人才供需招聘活动。确保每届人才招聘活动有 250 家以上知名企业参与,并提供 3 500 个以上就业岗位。

7. 引领示范辐射

本集团在服务国家发展战略、推进集团化办学内涵建设和破解集团化办学难题等方面,为上海乃至全国职业教育推进集团化办学起到积极引领、示范与辐射作用。

六、体会与思考

没有一支高水平、高质量、高素质的教师队伍,就没有职业教育质量的根本提高。因此,为了适应新形势和新时代的要求,培养一支高质量、高素质、高水平的教师队伍,就成了当今职业教育一项重中之重的任务。本集团创建 10 多年来,在开展集团层级校企专兼教师双师素质培训方面,我们的体会与思考是:加强师资队伍建设,必须抓好"五个必须"。一是必须抓好师德教育,构建从教思想基础;二是必须抓好业务学习,提高教育教学水平;三是必须抓好科研导向,培养教育科研能力;四是必须抓好教师考核,建立绩效考核机制;五是必须抓好骨干培养,促进可持续性发展。

集团引领　产教赋能　协同培养

——商贸类专业职教教师企业实践的探索与实施

上海商贸职业教育集团　乔　刚　赵　宏

摘　要：教师是立教之本，兴教之源。上海商贸职教集团为积极响应国家颁发《国家职业教育改革实施方案》提出的"三教改革"任务，依托集团校企合作平台，产教赋能，集团、企业、学校共同探索与实践职业院校教师下企业实践基地建设、职教商贸类专业师资培养与建设。由集团引领，通过市级职业院校教师下企业实践的标准制定、基地运行机制和考核机制创新，积极探索培训模式建设，实现职业院校商贸类专业教师"双师素养"提升。集团商贸类专业教师企业实践的探索实践通过集团牵头单位上海商学院国培、市培基地，在本市乃至全国推广和辐射，在促进集团产教融合品牌建设的同时，进而为上海市职业院校"提质培优"工程提供了鼎力支持。

关键词：集团引领；产教赋能；协同培养；教师企业实践；模式探索

一、实施背景

教师是立教之本，兴教之源。国家颁发的《国家职业教育改革实施方案》明确提出"三教改革"的任务，其中"双师型"教师队伍建设更是重中之重。"十三五"期间，本市职教发展为上海城市经济发展和建设提供了有力的人才和智力支撑。作为职业院校的教师担负着重要的育人重任。职教教师不同于普通教育教师，职教教师既是某一职业领域的技师型专业技术人才，又能在某一专业领域胜任教育教学，"双师型"教师应成为职教讲台的主力军。

我集团百联集团和东方国际集团自 2013 年被上海市教委命名为市级教师下企业实践基地以来，累计已经开展了 30 多项教师下企业实践项目，其中市级培训 22 项（分为 2 个月、6 个月 2 个类型），集团组织的项目 10 多项（分为 1 个月、2 个月、6 个月 3 个类型），累计培训教师 400 余人（其中市级培训 204 人、国培项目教师 120 余人）。

百联集团是我国大型的零售业企业，东方国际集团是我国特大型外贸企业，它们旗下各有上千家独立核算的国企。目前这些企业已经转型发展为集内外贸为一体、线上线下相结合的新型业态，成为国内技术力量最强、业态最齐全、新零售运营最有优势的特大型国企之一，成为我集团组织财经商贸类教师下企业实践的坚定支撑。

集团引领，产教赋能，企业实践基地品牌建设和教师下企业实践项目运作，校企共同探索与实践商贸类专业教师的"双师素养"培养，对上海市职业院校（含中职、高职院校）"提质培优"工程提供了鼎力支持。

二、实施目标

（一）总目标

集团商贸类专业职教教师企业实践活动，促进集团商贸类职教师资建设，促进集团产教融合品牌建设，最终要落实在大力提升职业院校教学质量和院校"提质培优"上。

（二）具体目标

一是制定《商贸类专业教师下企业实践标准》，让教师下企业实践工作有据可依；二是聚焦集团商贸类专业教师"双师"素养培养，帮助教师了解行业、熟悉工艺技能、熟悉学生未来工作岗位所需的职业能力，进而提高院校教师的教学能力；三是聚焦职教课堂教学和人才培养，所有教师下企业实践有"新鲜感""获得感"，并提出将典型工作案例转化为教学案例，切实实现教学工程与工作过程相结合；四是坚持集团引领，产教赋能，集团、学校、企业协同培养。通过企业实践项目为实践教师创设个性化培训方案，探索教师下企业实践的管理和运营机制及"师傅"带教机制；五是坚持校企合作，搭建教师下企业实践平台，努力实现派出单位（院校）满意、接收单位（企业）欢迎、管理单位（集团、企业职能部门）考核优良的多赢局面，使集团市级教师企业实践基地建设在上海形成口碑。

三、实施过程

2013年，经上海市教委批准，我集团两大国有企业成为首批上海市市级教师下企业实践基地。集团积极为企业基地建设提供建设资金，保障基地建设，通过规范化管理（协议实施）和机制建设，两个市级企业实践基地由"新建基地"走向了"品牌建设"，从最初的接待集团商贸类专业教师下企业实践，扩大到面向全市中职、高职院校商贸类专业教师乃至全国职业院校商贸类专业职教教师，企业实践基地的服务面向实现了升级。2013年至今，两家企业屡屡获得上海市优秀企业实践基地称号。近两年来，我集团在既往的工作基础上，集团成员院校教师企业实践工作又有了明显突破，主要表现在以下五个方面：

第一，制定《商贸类专业教师下企业实践标准》，让教师下企业实践工作有据可依。2019年，集团根据上海市教委统一部署，组织集团两家市级教师企业实践基地、上海商学院高等技术学院和上海市南湖职业学校，共同研发并完成《上海市职业院校商贸类专业教师企业实践培训标准》。其中系统梳理了教育部颁发的商贸类专业目录,从上海市已设专业和未来将新设的专业出发,罗列出 227 条职业岗位能力和 22 条专业教学能力(教学转化能力)以及相应的考核办法。

第二,组织实施多批次 40 人的市级教师下企业实践,这些教师分布在全渠道新零售、电子商务、物流、外贸等多种类型专业企业以及相应的实践岗位上,全流程跟岗、全方位实习,实现了教学能力的综合提升。

第三,尝试探索组织了集团级"双师型"教师下企业实践项目,其中整个暑假中含有 10 天的国际权威证书(高级)培训,教师们有分有合,有下企业实践,有课堂听课,有小组交流,有国际证书考证。学员们反映内容丰富,大开眼界;师傅带教到位,能力提升显著。

第四,改革考核办法,增强教师下企业实践的针对性和有效性。在教师下企业之初,由教师与企业带教单位面对面供需见面,企业讲述本单位岗位分布和工作流程特色,教师阐述下企业实践的目标和愿望,供需双向选择,自行牵手,教师到自己心仪的岗位实践,企业领到了有强烈实践愿望的教师。在实践之前所有单位和教师都明确了下企业实践的内容和考核办法,在实践之后的考核汇报时,我们不要求讲体会,不要求讲企业实践流程和收获,我们要求的是:教师在企业实践后看到了什么、学到了什么,有哪些东西可以转化和怎样转化为教学成果。这就大大提高了实践的针对性和有效性。

第五,不断加强教师下企业实践的管理模式探索。凡在实践之前,集团秘书处会与企业职能部门预先详细商定企业实践的工作方案和考核方案,其中工作方案具体到每一个教师在哪一个岗位轮岗几天、轮岗做什么业务;在教师实践中,集团会同企业开展过程的跟踪调研(为后续实践项目积累经验教训)和中期检查,及时解决过程中可能出现的问题。在实践之后,集团与企业职能部门和带教师傅均有座谈沟通,小结本期工作的过程情况和经验做法。由此,整个实践项目形成有效的运行机制和管理机制。也促进企业加强了基地的建设与管理,促进了基地品牌建设,扩大了社会影响力。

四、实施保障

(一) 建立教师下企业实践项目运行机制

(1) 创设动态管理及协议机制。东方国际(集团)有限公司首创了"供需见面,动态匹配"管理机制,按照"个性定制、量体裁衣"的理念,在前期培训前,根据实践教师的需求开展调研和岗位动态匹配,通过"前期培训-中期检查-教师反馈"及时根据实践教师需求进一步动态协同实践岗位和实践管理的配套跟进。

(2) 建立双导师管理。在教师企业实践全过程中,建立企业师傅带教和专业导师带教的双导师指导,实现岗位实践和专业教学对接,实现实践成果有效实施和转化。将需求导向、个性定制、精准指导融入实践管理各环节。

(3) 建立全方位考评机制。制订《企业实践考核方案》,围绕"日常管理、岗位实践操作、实践成果教学转化"设计考核要求和考核权重,对实践教师的实践成效组织开展答辩考核,将岗位实践和实践成果教学转化作为考核重点内容,进一步细化要求。

(4)建立后续跟踪的服务机制。组织专业导师进行后续跟踪,对实践教师的企业实践成果转化进行动态了解,给予后续指导,帮助教师企业实践成果有效转化于课堂教学或专业课程建设。

(二)完善企业实践日常服务保障机制

两家企业基地为学员提供完备的、全信息化的实践场所、实践岗位服务等后勤保障,按照企业员工"待遇"给予办公条件配套。真实的工作场景促进实践教师"真枪实干",感受真实的"企业工作体验"。为方便实践教师与基地联系,企业还专门建立了微信群、QQ群、实践专属联系邮箱等联系方式,及时服务实践教师,解决实践中的困难。基地还加大宣传力度,从简报到视频宣传,激发实践教师的归属感、集体感,感受企业的关怀温暖。

(三)建立多元的实践培训模式

在集团的指导下,两个企业实践基地不断探索实践培训模式,丰富商贸类专业教师企业实践内容,提升实践成效。两大企业实践基地多元实践培训模式及成效作为2019年集团申报"上海市职业教育集团运行绩效评价"重要内容,受到上海市教委的高度肯定。

(四)明确实践成果转化的路径

通过"三转化"和"三贴近",实现实践成果的转化。"三转化":将企业实际业务资料转化成为专业课堂教学案例,将企业岗位标准转化为教学目标,将企业实际业务转化重构教学内容。"三贴近":实现商贸类专业培养目标贴近企业岗位规范要求;专业教学教材、课堂教学内容贴近企业业务实际;专业职业技能训练贴近企业运营实战要求。"三转化"和"三贴近"成为两大市级企业实践基地考评商贸类专业职教教师实践成果转化成效的基本标杆。

(五)经费保障

在所有教师下企业实践工作运行中,上海市教委拨付的运行经费发挥了不可或缺的保障作用。其中市级培训项目是随项目拨付,集团组织的教师下企业实践项目是市教委拨付的集团专项经费中列支。因此,市教委对集团的领导和支持是集团开展各项工作的坚实基础。

五、特色与成果

(一)创设标准,引领教师下企业实践工作

通过集团内涵建设,研发制定《上海市职业院校商贸类专业教师企业实践培训标准》,为集团商贸类专业教师下企业实践提供规范化、可操作实施的岗位实践能力考核标准,促进和保障商贸类专业教师企业实践质量,提升集团校企合作育人成效。

（二）创新考核办法，有效提升教师的"获得感"

在上海市教委以及上海市装备中心的引领下，集团坚持从实践中来，到实践中去的实施理念，聚焦解决商贸类专业教学和人才培养中遇到的瓶颈问题，积极改革考核办法，引导教师通过实践锻炼，反思"教学问题"，寻求解决之道，实践成果转化运用于专业教学、人才培养、教研和专业实践指导。

（三）不断探索教师下企业实践工作的品牌建设

产教赋能"企业实践项目"。集团、企业、学校协同培养商贸类专业职教师资，企业通过教师下企业实践项目运作与管理，为实践教师提供认知和技能水平升级服务，集团与学校共同参与企业实践项目运行，指导教师如何"带着问题"学，"想着问题"练，实现商贸类专业教师在企业实践项目中"做中学、学中做"，对专业建设、人才培养有更深层次的理解和思考。通过企业实践基地建设和实践项目驱动，为本市商贸类专业职教教师提供真实的企业实践实操环境和明确的实践内容，丰富和拓宽了商贸类专业职教教师"双师素养"培养的路径，适应新时期商贸类专业职教师资建设发展需要。

（四）积极营造各方满意的多赢局面

通常在校企合作运行集团项目时，会出现管理上企业方投入（人力、资源、岗位等方面）不足、积极性不强的现象。在集团的积极努力下，通过集团引领，发挥企业成员单位社会责任感，组建项目运作和管理机制，提供必需的各种物质和机制保障，激发起企业参与校企合作的积极性，为进一步深化校企合作、产教融通提供可持续发展的路径。

（五）创设双导师制，切实提高实践绩效

在具体操作中，积极发挥带教师傅的作用，协议化管理，确保实践项目运行；建立双导师管理机制（企业师傅带教和院校专业导师双指导），将教师企业实践个性化指导与教学能力提升指导融入企业实践环节，实现实践环节动态培养与高质量培养。

六、体会与思考

（一）强化沟通协调机制，强化各方的责任和担当

商贸类职教教师企业实践的探索与实施有效促进了集团内学校和企业的交流与合作，促进了产教融通、校企合作。校企协同开展商贸类专业职教师资"双师素养"建设与培养，扩大了集团两大企业的知名度，体现了企业的社会责任担当。项目部分成果在上海商学院开展的国家级职业院校职教教师培养培训项目中得到辐射和运用。项目成果为集团绩效评价优秀和申报获批首批国家级示范性职业教育集团联盟提供有力支撑，为本市商贸类专业职教师资质量提升提供有力支持。

（二）目中有人，一切为了实现教师发展和学生发展

通过集团引领，产教赋能，校企合作协同培养，实现了市级教师下企业实践基地的内涵建设升级，基地的优质管理和品牌建设为职业院校师资队伍建设注入了新鲜的活水，为职教教师的"双师素养"锻炼提供了可实施的路径。多名实践教师被评为市中职教师企业实践优秀学员，其成果转化优秀案例已被收入历年上海市教委教育技术装备中心编撰的《企业实践典型工作案例》《企业实践教学转化案例集》等多部汇编中。一批教师从普通教师成长为骨干教师，乃至成长为教研室和专业教学部主任、专业带头人。对本市商贸类专业教师专业教学、企业实践起到示范和引领作用。4位优秀学员已升级为企业实践基地聘请的院校方专业导师。企业实践基地出版的成果汇编和由这些教师主持的教学改革项目成为同行借鉴的宝贵财富，并最终成为学生学习"获得感"的重要来源。

（三）探索创新赢得关注，发挥了一定示范引领作用

我集团会同企业实践基地创设的需求与岗位动态匹配与管理工作、双导师带教和管理机制，将需求导向、个性定制、精准指导的理念和服务融入实践管理各环节，企业带教导师从一对一发展到多对一（团队服务）。这些进一步丰富和拓展了职教师资培养的方式和内容。我集团改革后的考核办法，注重教师下企业实践的教学成果转化，从教师学有所获到如今的学以致用，从根本上促进了教师教学水平的提升，满足了院校对教师下企业实践的绩效考核愿望。我集团组织企业和院校共同研发制定的《上海市职业院校商贸类专业教师企业实践培训标准》已经由上海市教委验收结题，应用在上海市中职学校商贸类专业教师企业实践中，并面向全市企业实践基地推广。

（四）工作成果初步显现，影响和辐射已经面向全国

我集团商贸类专业职教教师企业实践的探索创新，是基于集团两大市级教师实践基地建设和实践项目运行基础上的总结，建立的商贸类专业教师企业实践培养培训模式和管理机制等不仅已成为上海市中等职业教师同行企业实践基地的借鉴与指导，而且已经全面推向上海市高职院校教师，还面向了上海商学院（全国职业教育师资培养培训重点建设基地、全国高职高专师资培训基地）承担的国培项目中的全体教师。所有受训教师无不感佩我集团两大教师实践基地工作的认真负责，无不感谢企业的领导和带教师傅的敬业精神，为上海市职业教育赢得了荣誉。

搭建协调发展平台　服务国家发展战略

上海电子信息职业教育集团　杨秀英　李晓峰　吴淑芳

摘　要：上海电子信息职业教育集团精准对接楚雄州职业教育发展需求，帮助提升专业骨干教师教学能力、管理干部职教理念、职业院校专业建设，促进东西部职教协调发展；搭建协同发展平台，牵头组建长三角电子信息职业教育集团，促进资源共享和长三角地区电子信息行业校企合作、产教融合，创新集团运行机制，构建协同培养教师、协同建设专业机制，打造长三角区域"职教人才成长带"。

关键词：协调发展；精准帮扶；长三角一体化

一、实施背景

2012年12月3日，在国务院扶贫开发领导小组主办的滇西边境山区区域发展与脱贫攻坚启动会上，上海电子信息职业教育集团（以下简称"集团"）与楚雄彝族自治州（以下简称"楚雄州"）人民政府签订了结对帮扶战略合作协议。集团充分发挥各成员单位的优势资源，从楚雄州职业教育发展实际情况出发，精准对接楚雄州多元需求，从职教理念更新、教学能力提升，以及专业改革能力、课程建设能力和实践基地建设能力增强等方面，通过培训研习、上门指导、挂职锻炼和专业对接等多种渠道，帮扶楚雄州职业教育发展，有效发挥辐射作用。

2018年11月5日，习近平总书记在首届中国国际进口博览会上提出：支持长江三角区域一体化发展并上升为国家战略。在三省一市教育主管部门的大力支持下，本集团牵头成立长三角电子信息职业教育集团。2019年12月，中共中央、国务院印发《长江三角洲区域一体化发展规划纲要》，其中提到"搭建职业教育一体化协同发展平台，做大做强上海电子信息、江苏软件、浙江智能制造、安徽国际商务等联合职业教育集团，培养高技能人才"。

二、实施目标

本集团利用优质职业教育资源帮助指导楚雄州职业教育发展规划、培养人才队伍、指导专业建设、开展校校合作,推动楚雄州职业教育改革发展,提高楚雄州职业教育发展总体水平,提升其支撑地方经济社会发展的能力、服务扶贫开发和建设面向西南开放桥头堡的能力。

创新长三角电子信息职业教育集团运行机制,增强集团活力及凝聚力,充分调动集团内各成员单位,特别是行业企业的积极性、主动性和创造性,推进成员单位优质职教资源共建共享,激励校际、校企、校协合作;发挥职业教育优势,深化区域教育合作、产教融合、校企合作;贴合经济社会发展对人才的需求,努力打造具有先进性、开放性、发展性、国际性的人才培养平台,努力打造长三角地区的"职教人才成长带",助力长三角区域"科学经济发展带",初步构建协同培养教师机制、协同建设专业机制、探索产教融合协同发展机制和健全集团运行机制。

三、实施过程

(一)落实国家精准扶贫战略,帮扶楚雄州职业教育发展

本集团按照"中央要求、楚雄所需、上海所能"的基本原则,给予楚雄州职业教育支持和帮助,促进东西部协调发展。

1. 组织来沪学习

2020年9月,职教集团组织楚雄州骨干教师培训班,共有30名楚雄州骨干教师来沪参加培训。为保证培训的针对性及有效性,职教集团秘书处与楚雄州教育局反复沟通,结合培训对象的实际需求,共同商定培训方案。

2. 组织"送教上门"和专业建设交流活动

2019年10月,集团秘书处组织职教专家13人赴楚雄州开展管理干部培训和专业建设交流活动,共培训楚雄州职教管理干部185人。集团成员院校——上海电子信息职业技术学院、上海市杨浦职业技术学校和上海科技管理学校的专家到楚雄市职中、禄丰县职中、楚雄技师学院指导汽车运用与维修、物流服务与管理、电子商务等专业的建设。

3. 组织来沪挂职

2019—2020年,楚雄州共有10位职教管理干部在职教集团成员院校挂职学习。职教集团根据楚雄州职教管理干部的工作岗位安排挂职学习。通过近2个月的挂职锻炼,他们学习了上海职业院校先进的管理方法,丰富了自身的管理经验,提升了管理的理念和水平,并将挂职学校的管理模式和理念运用到自己的实际工作中,取得了很好的效果。

(二)落实长三角一体化发展战略,打造长三角"职教人才成长带"

长三角电子信息职业教育集团自成立以来,加强与成员单位联系,稳步推进工作,搭建

沟通交流平台,共商、共促集团发展,探索创新跨区域职教集团运行机制。

1. 召开理事大会,共启集团发展篇章

为了保障集团一届一次理事大会的顺利召开,秘书处于 2019 年 4 月上旬在上海仪电(集团)有限公司组织召开一届一次理事大会预备会议,集团理事长、副理事长单位、秘书处负责人共同商议集团章程、组织机构和集团发展规划;4 月 25 日,组织召开一届一次常务理事会议,进一步讨论集团章程,共商集团工作。4 月 26 日,集团一届一次理事大会在上海展览中心召开,并举行长三角电子信息职业教育集团启动和授牌仪式。上海市教委、浙江省教育厅、汉斯·赛德尔基金会上海代表处,以及三省一市各理事单位负责人或代表共 200 余人出席会议。

2. 搭建交流平台,共享人才培养理念

2019 年 7 月,集团在南京召开"2019 长三角职业院校质量保证体系内涵建设研讨会"。长三角地区 40 多所高职院校的 100 多位校领导出席会议,交流、分享职业院校内部质量保证体系建设和诊改复核经验,为长三角地区职业教育发展提供了新思路,给电子信息技术与教育教学深度融合提供了新路径,给职业教育创新人才培养提供了新理念。2019 年 10 月,集团协办世界青年科学家(温州)峰会——一带一路青年人才培养论坛,共有 200 余名嘉宾参加论坛。2020 年,长三角电子信息职教集团与联合国教科文组织国际职业技术教育与培训联系中心、全国人工智能职教集团联合主办新技术讲座、论坛。是年 7 月,通过线上直播平台举办世界青年技能日——新时代·新技能·"芯"人才主题讲座;8 月,召开"选一校、择一业、荣一生"——工业 4.0 + 新商业开创数字经济新时代云端会议。

3. 深化区域合作,协同培养专业教师

2020 年 7 月,为深化区域职教合作,协同培养专业教师,促进校企合作、产教融合,长三角电子信息职教集团安排江、浙、皖成员院校 5 位专业教师到上海参加企业顶岗实践。5 位教师分别来自江苏电子信息职业学院、淮安市高级职业技术学校、杭州市电子信息职业学校、安徽职业技术学院、安徽省桐城中华职业学校;其中,3 位教师在上海中软计算机系统工程有限公司参加企业实践;另外 2 位教师在联想(北京)有限公司上海基地参加企业实践。

四、实施保障

本集团与楚雄州人民政府建立职教合作联席会议制度。联席会成员由集团成员院校、企业负责人和楚雄州教育局有关领导、职业院校校长组成。联席会议每年召开 1 次,共同商议双方合作事宜。通过组织保障,不断推进和深化帮扶工作。集团实行理事会制,集团理事长单位上海仪电(集团)有限公司是上海市国资委所属的国有大型企业集团,以"引领信息产业发展,服务智慧城市建设"为使命,聚焦以物联网、云计算为特征的新一代信息技术产业,以信息技术产业为发展核心,为长三角电子信息职业教育集团的发展提供了坚强的行业、企业支持。本集团自 2008 年成立以后,不断加强运行管理,创新运行机制,成效显著,为长三角电子信息职业教育集团的发展提供了丰富的经验、优良的组织保障和机制保障。

五、特色与成果

本集团充分发挥在教育教学改革方面取得的丰硕成果，在办学理念更新、改革人才培养模式、创新教育教学改革、提升教师实践能力、丰富教师教学方法等方面给予楚雄州职业教育切实的帮助。在职教规划上，促进楚雄州完成了发展现代职业教育体系建设规划，职业教育"五个一体化"建设局面全面形成；在人才培养上，基本覆盖了楚雄州的职教师资，极大促进了楚雄州职教师资队伍整体素质的提升；在专业建设上，促进楚雄州职业学校逐步建成一批紧密结合市场、产教融合的骨干专业。

本集团顺应"大智物移云"的时代发展趋势，根植行业发展，贴合长三角区域一体化发展和产业升级调整对人才的需求，致力于创新产教融合新机制，科学设定集团功能，合理谋划集团发展方向，促进区域内教育链、人才链与产业链、创新链有机衔接，深度发挥行业企业在人才培养中的主体作用，培养高素质电子信息技术技能人才。

六、体会和思考

长三角一体化已上升为国家战略，做大做强长三角电子信息职业教育集团已写入《长江三角洲区域一体化发展规划纲要》，这对我们来说既是机遇也是挑战。本集团将发挥好服务功能，充分发挥成员单位优势资源优势，深化区域教育合作，促进产教融合，发挥行业企业在人才培养中的作用，使集团成员院校培养的人才更加贴合企业、社会的需求。

（一）进一步完善职教集团运行机制

本集团需进一步优化组织架构，健全长三角电子信息职业教育集团管理制度和运行机制，推进集团工作制度化和规范化，充分调动成员单位特别是副理事长单位参与集团工作的积极性和主动性，确保各项工作顺利开展。继续开展调查研究，加强与成员单位的沟通、联系，了解学校、企业、行业协会对集团平台的需求；加强联动，形成合力，促进资源共享和长三角地区电子信息行业校企合作、产教融合，创新合作机制。

（二）校、企、协共同服务专业人才培养

利用集团平台，调动成员单位的优势资源，协调推进成员院校与企业、行业协会的合作，积极发挥行业企业在人才培养中的主体作用，创新校企合作、产教融合人才培养模式，更好地服务于电子信息行业发展和长三角产业发展规划。组织师资培训，通过培训提升长三角职业院校教师专业发展水平，探索协同培养教师机制；组织集团技能竞赛，推动长三角地区职业院校在职教集团的交流和共享，促进区域内职业院校专业发展紧贴行业需求，探索协同建设专业机制；举办产教融合创新论坛，促进长三角区产业高端技术与区域教育的深度合作，探索教育教学目标、方式、内容及人才培养质量评价的改革机制。

搭建技能大赛平台　培养技能型人才
推动高质量发展
——上海旅游职业教育集团典型工作案例

上海旅游职业教育集团　王红梅

摘　要:上海旅游职业技能大赛自 2010 年创办至今已成功举办十二届,为上海旅游职业院校提供了展示教育教学成效的平台。集团以技能大赛为抓手,落实全国职业教育大会提出的深化"三教"改革、促进"岗课赛证"综合育人的新要求,借鉴世赛、国赛标准与要求,在比赛项目、办赛机制、赛事标准等方面不断更新完善并逐步升级,明确"基于教学、高于教学"竞赛要求,坚持以提高教育教学质量为导向,以培养高素质技术技能人才为目标,充分发挥"以赛促教、以赛促学"的重要作用,推动旅游职业教育高质量发展。

关键词:技能大赛;技能人才;高质量;综合育人;产教融合

一、实施背景

职业技能大赛是我国职业教育领域的重大创新,是促进职业教育向技能培养发展的重要手段,是促使职业教育改革发展的助推器,是选拔高素质劳动者和高技能人才的重要途径,在促进技能人才培养和弘扬工匠精神方面发挥着重要作用。

近年来,职业教育迎来新的发展机遇,2019 年 1 月 24 日国务院印发的《国家职业教育改革实施方案》指出要完善高层次应用型人才培养体系。制定中国技能大赛、全国职业院校技能大赛、世界技能大赛获奖选手等免试入学政策。2020 年 9 月 16 日,由教育部、国家发展改革委等九个国务院职业教育工作部际联席会议成员单位联合印发的《职业教育提质培优行动计划(2020—2023 年)》指出:要营造良好发展氛围,办好全国职业院校技能大赛,发挥以赛促教促学的引领作用。2021 年 4 月,习近平总书记对职业教育工作作出重要指示强调,要加快构建现代职业教育体系,培养更多高素质技术技能人才、能工巧匠、大国工匠。

在上海市教委职教处的指导下,在上海市教委教育技术装备中心的组织管理下,为推动职业教育以赛促教、教赛融合,上海旅游职业教育集团自成立起整合优质资源,立足职业教育培养技能型人才的本质,积极开发和培育旅游职业技能大赛。大赛自 2010 年创办至今已成功举办十二届,努力营造劳动光荣、技能宝贵、创造伟大的良好风气,同时促进了集团院校与行业企业的产教融合,更好地服务就业创业、地区经济建设和社会发展。

二、指导思想

坚持以习近平新时代中国特色社会主义思想为指导,深入贯彻落实《国家职业教育改革实施方案》和习近平总书记对职业教育工作的重要指示,以深化"三教"改革、促进"岗课赛证"综合育人的新要求,坚持"以赛促教、以赛促学",充分发挥职业技能竞赛在促进人才培养、激发人才创新创造活力的重要作用,促进职业技能教育高质量发展,促进职业院校人才培养模式优化升级,服务人才强国国家重大战略。

三、实施目标

对接国赛、世赛、行赛标准,打造上海旅游职业技能大赛品牌,赛出选手技能实力,亮出教师教学水平,展出学校教育文化,为世赛、国赛、行赛输送人才,使技能大赛成为培养高质量技能人才与工匠精神的重要抓手,建设职业技能人才培养工作成效展示和职业技能领域互学互鉴交流展示的平台,推动以赛促教、促学、促建、促改,引导职业院校关注行业发展,推进专业教育教学改革,加快产教融合、校企合作人才培养模式改革和创新的步伐,推进上海旅游职业技能人才培养工作均衡、可持续发展。

四、实施过程

(一) 精心策划,潜心培育大赛成为人才培养助推器

为提升旅游专业学生的职业技能,培养工匠精神,集团通过周密策划和精心组织,2010年创办首届旅游职业技能大赛,旨在以赛促学促教,提升职业教育人才培养成效。此后,集团锚定行业发展对技能型人才的需求,突出大赛对选手综合能力的考察,在比赛项目、办赛机制、赛事标准等方面不断更新、完善和升级,经过十多年的潜心培育,大赛逐步对接国赛、世赛、行业,成为集团的重点项目。

迄今大赛已成功举办十二届,为上海旅游职业院校师生提供了展示技能和教学成果的舞台,实现了大赛与专业教学改革相结合,与行业企业需求相结合,个人能力与团队协作能力培养相结合的三结合要求,使职业技能大赛引领院校的专业建设和课程体系改革,助推旅游技能型人才的培养。

(二) 对标世赛国赛,搭建高标准高水平赛事平台

为了能为国赛、世赛储备人才,大赛项目的设置均与国赛、世赛对接,其中"西餐服务"

"咖啡调制""古典鸡尾酒与创意鸡尾酒调制"项目对接世赛餐厅服务项目,"烹饪"项目中设置的西餐、西点对接世赛烹饪(西餐)项目,"酒店接待与 Opera 酒店管理系统应用"项目对接世赛酒店接待项目,"导游讲解"项目对接国赛导游服务项目。

在赛事评判标准方面,大赛部分比赛项目邀请了国际大赛评委并采用国际化评分标准。其中"古典鸡尾酒与创意鸡尾酒调制"以"中国国际调酒大师杯"的评分标准和比赛规则作为考察指标,由英国葡萄酒与烈酒授权讲师、美国 CSW 认证葡萄酒专家、英国葡萄酒与烈酒基金会 WSET Leve13 认证、美国国际侍酒师(高级)、WSET 高级品酒师、侍酒大师公会认证侍酒师、新西兰葡萄酒管理局认证新西兰葡萄酒专家等国际鸡尾酒专家组成评委组,以国际化专业水平对大赛进行评判。"咖啡调制"比赛项目邀请了 Q-grader 咖啡品质鉴定师、SCA 认证考官、WBrC 世界冲煮大赛认证评委、世界拿铁艺术大赛冠亚军选手教练等组成评委组,对标行业世界标准,全方位考察选手的手冲咖啡技能和拿铁拉花艺术。通过提升评赛标准,培养学生良好的职业素养、过硬的技能和竞技水平,为世界技能大赛培养后备人才。"酒店接待与 Opera 酒店管理系统应用"比赛项目邀请了世赛酒店接待中国技术专家组组长叶丹茗及其大师工作室指导比赛方案和评判标准的制定。

(三) 以赛促教,切实推进职业教育教赛融合

为让参赛院校更有针对性地准备比赛,赛前集团组织举办比赛项目说明会,使各校指导教师和带队老师更好地了解大赛的组织和参赛要求,并为参赛学生开展赛前培训,让选手实地了解和熟悉比赛场地、比赛规则、器具使用和评分要求等。

同时,为提升集团成员单位院校专业教师教育教学水平,拓展专业视野,更好地迎接世赛,集团邀请资深专家——第 45 届世界技能大赛"酒店接待"项目中国技术指导专家组组长、全国选拔赛裁判长叶丹茗女士为集团成员单位专业教师及参赛指导教师作酒店接待礼仪、服务技巧等方面的培训,为各校参赛指导教师就如何把握世赛规则和要求作了全面剖析,增强教师备赛过程中的指导能力。

为提高西餐专业教学水平,迎接世界技能大赛,集团组织成员单位开展西餐服务——酒水制作、食品制作及接待服务三项国际标准研究。其中酒水制作标准对标世赛考核要求,融入了世赛安全、卫生、环保、实时创新等新的酒水、咖啡制作理念;食品制作标准融入了世赛安全、卫生、环保等食品、菜肴制作理念,充分强调了餐厅服务员的岗位融通性;接待服务标准融入了世赛安全、环保、融通与实时创新等新的服务理念,形成一套西餐服务岗位知识、技能及跨岗位知识、能力的国际化服务流程和服务标准。研究报告较为全面地体现了西餐服务的知识和技能水平,为旅游院校西餐教学提供了前沿的教学参考。

(四) 以赛促学,全面培养高素质技能型人才

为强化集团成员单位院校学生专业技能训练,集团以技能大赛为重要抓手,探索以大赛为载体的实践育人模式,全面培养学生专业技能。通过大赛竞技,学生可以发现自身技能短板,在之后的学习中针对性改进学习方法,提高个人专业技能水平;职业院校可以更加直观

地了解学生专业技能水平，注重学生实际操作技能的培养，加强技能薄弱环节的训练，增强学生的核心竞争能力，从而达到"以赛促学"的效果。

大赛既是"领航器""风向标"，又是"发射台""加油站"。大赛的备赛参赛过程也是学生内在成长锻炼的过程，充分调动学生自身内在的学习积极性和主动性，增强了学生的创新思维和实践能力，优化了学生的心理品质，锻炼了学生专业技术操作能力、抗压能力、情绪管理能力、团队协调能力等职场适应力，实现了"以赛促学"的目的。

（五）深化产教融合，构建校企合作协同育人模式

学校和企业是开展职业教育不可或缺的两大主体，二者缺一不可。与普通大赛相比，职业技能大赛具有很强的产业性和实践性，举办职业技能大赛需要校企充分整合优势资源，建立深层次的战略合作关系。

上海旅游职教集团成员单位涵盖了 36 家旅游院校、30 家旅游企业及 5 家行业组织，这为集团举办职业技能大赛提供了强大的校企合作资源，大赛咖啡调制项目由华住集团承办，导游讲解项目由衡山集团下属上海春申旅游进修学院承办，酒店接待项目由兴国宾馆协办，所有比赛均有行业专家参与评判，使大赛更好地贴近行业，比赛要求更好地体现岗位要求，通过大赛推动了职业教育与产业的深度融合，促进了校企合作协同育人方针的有效落实。

五、实施保障

（一）加强组织领导

成立大赛工作委员会，由集团领导挂帅指挥，秘书处统筹协调大赛组织工作并指导大赛有序推进，各承办单位和参赛单位形成联动机制，协同推进各项工作。各项赛事成立专门工作组，全面落实比赛方案制定、赛前培训说明、赛事组织实施、赛后总结交流等环节，明确分工，责任到人，确保大赛平稳、有序开展。

（二）健全制度保障

为使大赛规范可持续发展，集团制定《上海旅游职业教育集团职业技能大赛组织管理办法》，依据管理办法成立相应的比赛机构，明确参赛对象、比赛项目和比赛规则，规范评判标准和奖项的设置，为赛事组织和赛后评价提供依据，为大赛的成功举办提供制度保障。

（三）筑牢安全屏障

安全是职业技能大赛工作的重点，包括人身安全、设备设施安全、消防安全、卫生安全等方面。集团按照"安全第一、严格管理"的原则，依据上级部门对集体活动的防疫要求，结合赛事特点严格限定大赛人数，制定大赛防疫措施及应急处置方案，落实各项防疫要求，紧绷安全这根弦，将安全措施融入技能大赛工作全过程，确保各项赛事活动安全、有序、顺利开展。

六、特色与成果

职业技能大赛是服务国家人才战略和落实国家对高素质技能型人才需求的重要途径。集团认真贯彻落实党中央、国务院战略部署,借鉴世赛、国赛办赛经验,对接产业需求整合优质资源,统筹各方力量精心组织并成功举办了十二届专业特色鲜明、办学亮点突出的旅游职业技能大赛,搭建了技能型人才培养与展示的平台,为世赛、国赛储备人才。

通过大赛,集团涌现出一批专业技能和心理素质过硬的优秀学生,以及师德高尚、业务精湛的指导老师,在 2020 年全国职业技能大赛的舞台上,集团成员单位选手取得了优异的成绩,在世赛旅游类所有四个项目——烹饪(西餐)、餐厅服务、酒店接待和烘焙中均获得奖项,并成功入选国家集训队备赛第 46 届世界技能大赛。

七、体会与思考

中共中央办公厅、国务院办公厅《关于推动现代职业教育高质量发展的意见》指出培养职业技能型人才是职业教育的重要职责,要努力培养更多高素质技术技能人才、能工巧匠、大国工匠,为全面建设社会主义现代化国家提供有力人才和技能支撑。全国职业教育大会提出了深化"三教"改革、促进"岗课赛证"综合育人的新要求。为了完成上述目标,培养高素质技能型人才是工作重点,要在原有的人才培养模式基础上改革创新,利用技能竞赛作为抓手,在给予学校展示培养人才成效的平台的同时,更直观地了解当前学生技能方面的不足,反映到日常教学培养中去,点对点、面对面地查缺补漏,有针对性地提升改善教育教学模式,深化产教融合,推动校企合作协同育人,凝聚更强大的合力,达到真正的以赛促学、促教、促改、促建,推动旅游技能型人才的高质量培养。

产教融合
服务建筑业高职技术技能型人才培养

上海建筑职业教育集团　朱剑萍　付　奕　张　磊

摘　要:上海建筑职业教育集团(下称"建筑职教集团")充分发挥资源集聚作用,通过深度校企合作,探索并构建"产教融合、校企合作"机制,以科创人才工作孵化基地为平台,以"现代学徒制"订单班为载体,围绕国家发展战略和需求,把握产业发展特征及其规律,顺应产业发展对建筑工程技术专业群人才培养要求的动态变化,校企业双方共同主导人才培养,编制规范化的企业课程标准与考核方案,在设备、师资、技术、人才、管理、文化等方面实现"六融合",从传统的企业员工招聘,延伸至专业共建、双向订单培养、现代学徒制培养,同时深化对外向型人才和"世赛"选手的培养培训,校企双方真正结成了命运共同体。

关键词:校企合作;资源共享;专业建设;三教改革

一、实施背景

随着建筑业数字化转型升级,绿色建筑理念深入人心,建筑企业对高素质技能型人才的需求逐渐多元化,除了知识型、技能型、创新型的普遍要求外,是否具有精益求精的工匠精神和爱岗敬业的踏实作风显得越来越重要。建筑职教集团审时度势,认真分析建设类职业教育现状,发现仍然存在人才培养质量与行业发展需求匹配度不高、教学模式和方法与建设一线现状相对脱离、教学内容与地区产业发展对接薄弱、理实一体的师资力量不平衡、实践教学资源与地区产业对接不够紧密等诸多问题。

在上海市教委职教处的指导下,在上海市教委教育技术装备中心的组织管理下,围绕产业发展需求,整合内部资源,建筑职教集团进一步确立校企合作在技能人才培养中的重要地位,使更多的行业、企业参与到职教事业发展中来,完善校企联合育人机制,积极探索校企合作模式,推动学校提升办学质量,实现校企合作可持续发展,进而培养出适应行业发展的、受企业欢迎的高素质人才。

建筑职教集团成员单位上海建工集团股份有限公司,是世界 500 强企业,处于高质量发展时期,在建筑行业具有技术、信息、资源和师资等多方面的优势,也是高校技术技能型毕业生的最大"雇主",同时又直接掌握着建筑行业的发展趋势的第一手资料,所以,能与高等职业类院校共同培养人才也成为建工集团人力资源建设的目标和责任。上海城建职业学院作为建筑职教集团的牵头单位,拥有丰富的教学、科研等资源。在《国家职业教育改革实施方案》《上海职业教育高质量发展行动计划(2019—2022 年)》等文件的推动下,校企双方互相协作,优势互补,资源共享,提高解决实际问题的能力。双方建立合作专家库(包括技术、质量、人力资源等),制定技术服务、课题研究、继续教育培训等双方互惠互利、共同发展的多条合作路径。

二、主要做法

为进一步提高人才培养质量,在建筑职教集团的指导与推动下,上海城建职业学院通过调整专业发展规划,与上海建工二建集团有限公司以"科创人才孵化工作室""科创班—现代学徒制班"等形式拓展企业参与校企合作的广度和深度,通过实现职业院校教学过程与企业生产过程的对接,完善高技能人才培养模式,提升职业教育教师"双师"素质,建立合作专家库(包括技术、质量、人力资源等),制定技术服务、课题研究,优化课程体系和人才培养方案,特别是实践教学环节的设计,实现教学内容与建筑业生产一线的紧密对接,全面落实"三全"育人培养目标。

在合作过程中,建筑职教集团提前谋划,充分调研,提供有力保障,提高了校企合作双方解决实际问题的能力,以校企合作多样化推动专业人才培养质量与企业需求匹配度的提升,实现学生高质量就业、职业生涯可持续发展。逐步实现了行业、企业、学校三方共赢的效果。

(一) 实施"产教融合、校企联动、交叉协同"育人机制,构建"113"产教融合校企共享平台

构建多维合作共赢的实践教学平台运行模式,实施校企"双主体"运行机制、"交叉协同"的育人和质量监控模式,推进"互利合作"的产学研协同创新和人员的"互兼互聘",共同设计和制定服务土建类专业(群)人才实践教学标准,探讨和开发实践教学平台功能、技术标准及操作规范。

"113"分别是一个集团(即本建筑职教集团)、一个基地(长三角绿色智能建造生产性实训基地),3 个中心(研发中心、人才中心、培训中心)。具体情况如图 1:

(1)上海建筑职教集团:整合优质资源,提供政、校、企、行多元协同开展工作的平台。

(2)长三角绿色智能建造生产性实训基地:为实训教学和培训服务提供硬件条件。

(3)研发中心:协同行业、企业专家开展政策研究、行业产业需求分析、人才质量标准制定等工作,定期发布人才和技术需求报告,为专业建设和技能培训提供科学数据支撑。

(4)人才中心:根据研发中心提供数据开展学历教育改革,打造高素质复合型技术技能

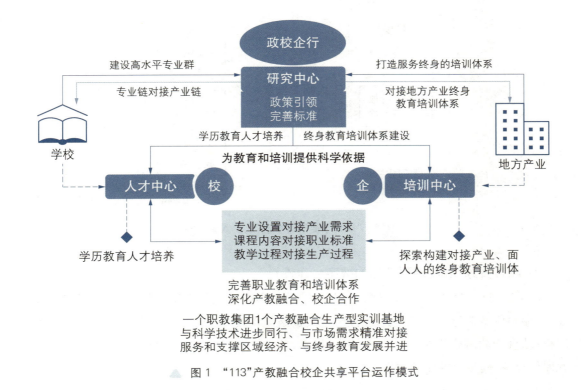

图 1　"113"产教融合校企共享平台运作模式

人才培养高地。

（5）培训中心：整合优质培训资源，开发培训包和认证标准，面向学生、教师和社会劳动力提供服务终身学习的技术技能培训。

（二）实施"工匠引领、云景互动"专业育人模式

1. "139N"全过程综合育人理念

以立德树人为根本，以 1 条主线——大思政观为引领，实现 3 个推进——推进思政进课堂、思政进网络、思政进活动，设计学生综合素质提升 9 大模块——政治品德素养、体能素养、职业素养、艺术素养、心理与个人卫生素养、文字素养、创新素养、管理素养、劳动素养，以 N 个活动为体系载体支撑。将职业素质教育贯穿入学至毕业全过程的课内外教学活动中。课内融入课程思政，课外活动多种多样。对标"三全育人"宏观建设和职业岗位综合素质的要求，实施融合课程、科研、实践、文化、网络、心理、管理、服务、资助、劳动等十大育人元素的"139N"全过程职业素质培养体系，打通育人"最后一公里"，实现提升学生综合素质的目标。

2. 量身定做现代学徒制订单班

把在汇聚前沿建筑技术的上海中心大厦、上海迪斯尼中心等工地项目作为"实景"，建立"工地行走课堂"，学习与工作融为一体，以"行走的教室""现代学徒制班"为载体，结合"云课程资源"，实施"多学科融合交叉"的教学内容及教学模式创新，营造线上线下全方位"匠人＋劳模"精神的校园文化育人氛围。

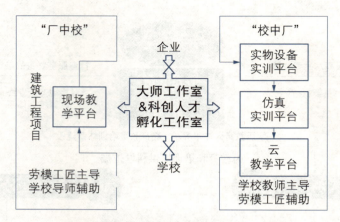

▲ 图2　"现代学徒制订单班"的实践育人模式

3. 课程资源建设(课程资源的数字化建设)

以 BIM 技术为载体的"多学科融合交叉"的教学内容及教学模式创新;编制了专业课程标准、编制典型工程的施工案例,增设装配式建筑施工技术、建筑施工新技术、BIM 技术等新课程;结合产教融合校企双元育人,将新技术、新工艺、新规范纳入活页式教材之中,形成多元课程资源,满足个性化教学需求。

4. 融通多元学习成果,落实学分银行制度

建立专业群之间的学分互认机制,为专业互通提供有力保障。学生可以根据自己的需要和自身的情况,利用课余时间进行群内其他课程的学习,以及参加职业技能大赛、社会服务、技能培训、获得岗位证书计学分存入"银行",达到专业规定的学分即可获得学历。

(三) 确立"技术引领,校企并跑"的校企信息技术交流模式

以研究产业技术发展为切入点,发挥校企双方的场所、设备、人员优势,针对教学中存在的问题从教学需求出发,开展专业建设和教学改革研讨,将专业建设和教学改革成效融入教

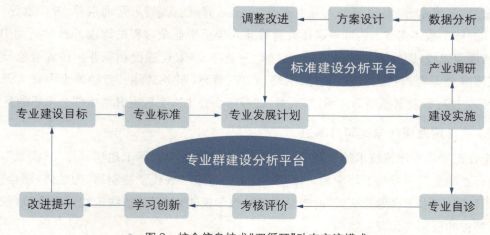

▲ 图3　校企信息技术"双循环"动态交流模式

育规律,形成教学标准,助推行业标准、技术标准的建设,满足行业产业需求。

(四) 组建"三家一模"师资团队

在本行业内聘请多位"上海工匠",形成"劳模工匠"引领下的钢结构安装技术、地下空间施工技术、建筑安装工程技术、建筑工程技术4个教学团队,形成一支由"大家""行家""专家""劳模"及较强工程实践能力为主体的优秀师资队伍。定期指导和开展专业研讨,解决人才培养质量与行业发展需求匹配度不高、专业建设对供给侧结构性改革适应性等问题。

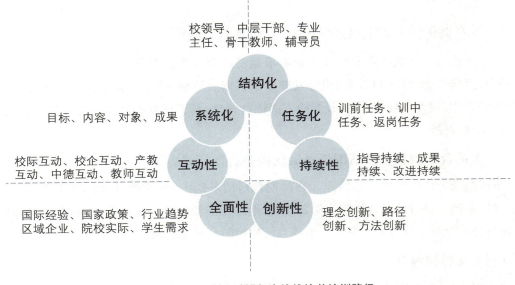

校领导、中层干部、专业
主任、骨干教师、辅导员

结构化

任务化　训前任务、训中
任务、返岗任务

目标、内容、对象、成果　系统化

持续性　指导持续、成果
持续、改进持续

校际互动、校企互动、产教
互动、中德互动、教师互动　互动性

创新性　理念创新、路径
创新、方法创新

国际经验、国家政策、行业趋势
区域企业、院校实际、学生需求　全面性

▲ 图4　"三家一模"师资战线培养培训路径

三、成果成效

(一) 就业能力

近年来,集团结合运行绩效评价,集团通过召开成员单位座谈会、发放集团运行质量和效益意见表等形式征求意见。集团内相关建筑类专业一次性就业率96%,对口率90%,毕业生满意度97%以上,用人单位满意度92%以上;30%的毕业生被上海建工集团、中国建筑等全球500强或龙头企业录用,毕业生作为骨干力量参与上海中心大厦、城市管廊、海绵城市等地标性、时代性的项目建设。

(二) 专业技能

学院积极参与1+X标准编写,在前期人培综合实训环节动态融入"1+X"BIM职业技能等级标准(中级,建筑工程技术),首批中级考证实现全专业全覆盖,学生通过率为80%;近三年,集团发挥平台优势,共建专业标准10个,制定或修订专业标准22个,集团内外110家企业分别参与了65个课程标准建设。

（三）德育素养

毕业生在工作中表现优异，涌现出了以"全国五一劳动奖章获得者"陆凯忠、"彩虹人生——奋斗的青春最美丽"分享团成员陆梁宏同学、上海市重大工程立功竞赛上海中心赛区先进个人的荣誉的陈欣泉同学、"第五届上海市五一巾帼奖"等荣誉称号的顾佳佳同学等为代表的一大批高素质、高技能劳动者。

四、经验总结

（一）在调研的基础上做好学校、企业以及行业现状分析

校企合作要与区域产业发展和企业需求紧密结合。在校企合作中，学校应该立足区域经济的特点和企业、市场的需求，积极发挥专家咨询委员会、技能大师工作室校企合作研修平台等的作用，对专业规划、课程设置等方面进行调整，真正做到人才培养与区域产业、企业市场的无缝对接。

（二）结合学校和企业情况选择最优校企合作模式

不同的校企合作形式各具特点。在前期调研的基础上，对学校自身状况和企业行业充分了解的基础上进行校企合作整体规划，结合地区经济和专业自身的特点，具体问题具体分析，在与合作企业充分沟通的基础上形成自己独特的合作发展模式。

（三）反思和调整

案例在实施中取得较好成效，但在实施中也存在一些问题，比如学校教学计划与企业项目进展存在不一致等，影响校、企两个环节教学的平稳过渡。下一步，需要进一步明确目标，细化教学实施环节措施方法，规范校、企双方的权利和义务，更好地把人才培养和社会服务有机结合，取得更大成效。

五、推广应用

（1）2020年10月上海建筑职业教育集团被教育部列入首批示范性职业教育集团（联盟）培育单位，学院成为第二批现代学徒制试点院校；全国建设行业技能型紧缺人才培养基地；商务部对外援助培训基地；上海一流高职院校建设单位；上海建筑职业教育集团牵头单位，建设多个世界技能大赛实训基地；多项"1＋X"证书标准起草单位和考证试点单位。

（2）开发的《职业标准》《技术标准》与《专业人才培养方案》被新疆喀什职院等同类高职院校用于土木类专业的建设工作。

以世赛为引领 培育高技能花艺人才

上海现代农业职业教育集团 魏 华 吴辉兴 艾奇洁

摘 要:上海现代农业职教集团以世赛为引领,以名师工作室为依托,聚焦课堂教学实践,加强花艺专业培训,突出以赛促学,全面加快花艺特色人才培养实践,集团内教学课程质量显著提升,集团的社会服务和影响力辐射进一步得到增强。

关键词:世赛;高技能;花艺人才

一、实施背景

一直以来,在上海市教委职教处的指导和上海市教委教育技术装备中心的组织管理下,上海现代农业职教集团深入贯彻习近平总书记关于职业教育的重要指示,以全国教育大会精神为指导,着力落实《上海职业教育高质量发展行动计划(2019—2022年)》《国家职业教育改革实施方案》《职业教育提质培优行动计划(2020—2023年)》等文件要求,高度重视高素质技术技能型人才的培养,特别是花艺特色人才培养,是集团人才培养的重要方面。近年来,花艺专业全球化迅速发展,花艺专业的人才要求也越来越高,对标世界技能大赛要求,与国际接轨,是培养全球化视角下的高质量花艺师的一种途径,也是集团内花艺专业人才模式的培养方式之一。由于审美标准的因人而异,对花艺作品的评价通常具有较强的主观性。在传统的花艺教学中,教师对于学生的花艺作品所作的主观评价,往往存在体系不完善、指标不明确、理念较保守等缺点,相对有局限性,这直接制约了学生设计创新能力和技术水平的提升。而在世界技能大赛上,选手们来自不同的国家,有着不同的文化背景和思维方式,作品更是不拘一格。世赛组织及国际花艺大师们经过多年的竞赛经验积累,制定完善了一套花艺评审的国际标准体系,这被公认为是花艺作品的"试金石"。因此,对标世界技能大赛技术要求,不仅可以拓展学生的国际视野,也培养了技术技能人才的国际竞争力。

二、实施目标

集团坚持以"实践＋理论＋技能培训＋技能竞赛"为总体思路,对接世赛标准,积极探索花艺特色人才培养模式,以上海现代农业职教集团为平台,依托行业发展,加深校企、校际深度合作,不断重视教师教学能力的培育,有效加强学生动手实践能力的培养,提高学生的学习兴趣,激发教师与学生的成就感,从而提升花艺人才培养的质量。

三、实施过程

(一) 以名师工作室为依托,加快花艺特色人才培养实践

集团根据《关于新时代上海实施人才引领发展战略的若干意见》(沪委发〔2020〕22 号)要求,成立以上海名教师朱迎迎教授、徐卓颖副教授为核心的两个花艺大师工作室,充分发挥以"花艺首席技能大师工作室"为平台,依托上海市插花花艺协会,特聘花艺大师为顾问,组建特色花艺人才培养团队,坚持"实践＋理论＋技能培训"的做法,对接世界技能大赛标准,把教学与创作延伸到社会,扩展到行业活动,构建以实践教学为主体,行、企、校紧密互动的工作室花艺特色人才培养新模式。

首先,开展学习与实践为一体化的课程教学,采用"插花习得学习法",即以记忆为任务、以经验习得为目标的"意念插花"学习,鼓励学生参加各种不同类型插花活动、结合花艺市场的调研等,引导学生对岗位和专业的认识,培养学生的职业习惯;其次,利用开放的工作室环境为学生提供多种练习的机会。教师给予个性化的辅导,学生完成"模仿＋变化"作品,更好地体验创作的成功与喜悦;再次,聘请国家级插花花艺大师为工作室顾问组成教练团队,指导学生参与全国职业技能大赛、松江区职业技能竞赛、上海市星光计划等,均取得较好的成绩。以"点"带"面",吸引更多学生自主地参加到课外平台和工作室的实践活动中来。

(二)聚焦课堂教学实践,培养花艺工匠精神

以集团专项课题和市级精品在线开放课程建设项目等为抓手,上海农林职业技术学院将花艺世赛标准纳入教学内容,建立"插花艺术"课程项目化教学模式。以"插花艺术"课程被列入市级在线开放课程建设项目为契机,以争取各级技能大赛获奖为目标,加强课程资源建设,包括课件、案例图片库、微课视频等,用直观的呈现形式更好地帮助经典项目的教学。上海市城市建设工程学校(上海市园林学校)依据花艺专业课程标准,引进世赛评价标准,精心设计教学目标,让学生真正参与到具体项目活动中,让学生真正做到"做中学,学中做",注重学生职业技能和职业精神的培育,使课堂成为提升学生发展潜力的场所。将课堂交给学生,让学生作为主体,在课中老师讲解及发布任务,学生通过视频学习和实践操作完成作品,给学生自由发挥的空间,培养创新性及学习能力,激发学生的学习兴趣。教师最后点评,对

学生作品评价的同时也强化了知识的认知。

（三）加强花艺专业培训，全面提升花艺教学实效

为了推广世界技能大赛理念、推进花艺项目技能普及，集团于2019—2021年先后举办了集团内花艺培训、花艺讲座、园艺花艺在职教师及特聘兼职教师培训等系列活动，聘请了全国知名花艺大师项一鸣、梁胜芳、王志东、丁稳林等专家老师对所来培训的教师学生进行实地培训及指导。各位大师在对示范作品进行讲解的同时，引入世界技能大赛花艺项目的技术要求及评审标准，更直观地让学员们了解花艺、感知作品内涵、融通中外、拓宽国际视野、开辟了新思路。

（四）突出以赛促学，带动花艺人才技能整体提升

集团基于一流花艺实训中心、世赛选手培养基地等平台，号召并协助集团牵头单位上海农林职业技术学院举办了插花花艺职业技能竞赛、2020年全国行业职业技能竞赛——全国插花花艺职业技能比赛，奉贤区市民插花大赛选拔赛及市级各类选拔赛等，聘请国内世赛专家作为评委，以竞赛的模式增强学员的实训能力，加强行校合作深入开展，促进专业建设和教学改革。并于2021年11月举办了2021年集团内花艺比赛，为集团内成员学校参加第46届世界技能大赛选拔做好热身准备。

针对第46届世界技能大赛选拔赛，集团号召各学校对学生做好充分的花艺比赛说明和动员，经过层层选拔，从集团100多名初赛学生筛选出决赛选手，由集团内集训基地上海市城市建设工程学校（上海市园林学校）、上海农林职业技术学院、上海上房园艺有限公司三方共同组织完成选手集训项目，集训过程融入思政元素，采用教学做一体化的组织模式，实现以赛促学，发挥花艺的德育、智育、美育和劳育功能，培养学生独立完成花艺作品的能力，坚定学生投身花艺行业的决心和信心。2021年11月，由11名国家队集训队成员参加的第一阶段花艺项目选拔赛中，我集团3名选手在为期4天22小时11个模块比赛中，充分发挥自己的水平，包揽前3名，携手进入由5位选手组成的第二阶段的集训。参赛选手都以高昂的斗志，全身心投入集训中，为取得世赛参赛资格做最后的冲刺。

四、实施保障

（一）统筹优势资源，继续使用好职教集团内技能大赛集训基地

集团内有世界技能大赛花艺项目国家集训基地、三所都市开放实训中心及上海上房园艺有限公司世赛选手培养基地。集团遵循"优势互补、共享共赢"的原则，在培养花艺人才方面，充分利用集团化办学优势，挖掘集团内学校内部培训资源，积极开发利用社会优质资源，给学员创造优质的培训条件，并在上海备战各届世界技能大赛工作中发挥了重要作用。

（二）针对市场应用型人才需求，对花艺人才培养进行系统性改革

通过制订鲜明有特色的人才培养方案、教学方式方法改革、建立产教深度融合的运行机制、完善实践教学条件，成立一流的大师工作室、努力培养出适应国际化的花艺人才。

（三）强化服务保障，做好组织服务联络协调选手心理保障等工作

以集团为平台，模拟世界花艺大赛，举办多次培训与竞赛，为选手做好各大赛充分准备。在准备世界、国家级比赛时，教师与选手共同参加，并在比赛结束后对选手进行心理疏导与鼓励，同时配合集训教练对下模块做赛前准备方案。

五、特色与成果

（一）花艺特色人才培养质量有新提高

集团内插花花艺取得良好的教学效果，在上海市及全国技能大赛中取得了较好成绩，在行业、教师和学生中产生很大影响。集团内成员单位上海农林职业技术学院、上海市城市建设工程学校（上海市园林学校）多次在世界技能大赛、全国技能大赛、星光大赛、省级比赛中获奖，此次集团内两名选手成功入选第46届世界技能大赛国家集训队。2021年11月下旬在国家集训队11进5的比赛中也是顺利通关晋级。

（二）集团内教学课程质量显著提升

上海农林职业技术学院"插花艺术"课程被列入市级在线开放课程建设项目，项目化教材《插花艺术》为江苏农林职业技术学院、广东科贸职业技术学院、黑龙江农业职业技术学院等多所高职学院使用，获得好评。

（三）集团的社会服务和影响力辐射进一步增强

近年来，集团内成员多次应邀在上海市及区县大型活动中进行现场花艺表演，多次在市内开展艺术插花、家居插花普及推广活动，集团举办的花艺技能培训及花艺竞赛，在业内受到一致的好评。

六、体会与思考

人才培养一直是各高校关注的热点问题，若仍采用以教研室为单位组织教学，以教师的个体教学为主导，以教师的教学任务为考核目标，必将忽略学生综合能力的培养，难以形成满足社会需求的专业特色。而世界技能大赛为高校技能人才培养和教育教学改革提供了很好的借鉴作用，把竞赛标准转化为专业课程标准，把竞赛训练方式转化为教学实训方式，把职业素养的养成教育融入实训的各个环节中，在专业领域内具有很强的引领作用，有益于学生进行专业领域中多方面的能力素质培养，有利于培育特色的花艺人才。

　　但一味地根据世赛标准去塑造一个学生,却不利于因材施教,容易让学员形成一定的思维固化。所以,一定层次的插花花艺人才,一定要培养较好的创新创意思维,要有美学的基础积累,结合世赛标准参考,让企业、行业更多的花艺大师走入课堂,让学生在生活、学习中多看、多想、多动手,实施个性化的培养方式,得到更多的插花实践经验,打好基础,培养特色,这样才能塑造出高质量的花艺人才。

以职教集团为依托　推进东西部合作交流

上海化工职业教育集团　陈　军

摘　要：落实职业教育东西协作行动计划是国务院印发的《国家职业教育改革实施方案》中的精神之一，上海化工职业教育集团为贯彻服务"一带一路"、精准扶贫等国家策略，高度重视东、中、西部理事院校的协调发展。本文作为集团开展东西部职业院校交流与协作发展的案例，就此进行了较为具体的阐述。

关键词：东西部；职业院校；交流合作；协同发展

一、实施背景

2019 年，国务院印发《国家职业教育改革实施方案》中明确提出，要落实职业教育东西协作发展。进行职业院校间的东西部交流和合作，是响应国家为加快西部地区经济发展和人民生活水平提高的一项重要举措。在职业院校间的东西部交流和合作中，对口支援就是其中一项具体又重要的工作，是职业教育相对发达的东部地区的责任所在。

为进一步深化职业教育办学体制、运行机制和人才培养模式改革，促进职业教育扩大规模、提高质量，教育部要求加快推进职业教育集团化办学，以进一步实现有效的校企合作、区域合作、城乡合作和校际合作。上海化工职业教育集团调研后得知，化工类中职学校均具有开展校级合作交流的需求和条件，特别是东西部学校间、经济发达地区与欠发达地区的中职学校间、办学条件具有相对优势与存在薄弱环节中职学校间的相互交流和合作的需求，更为迫切，主客观条件均较成熟。从全国化工行业教育协会每年举行的校长年会和全国化工行业教育协会华东区教研室定期组织的各项专题活动看，目前校际合作交流已由校长层面发展到了包括德育教育、教育科研、教育教学管理、行政管理、后勤管理等各个条线和领域，尤其是各地和化工行业职教集团的成立，更有利于校企之间和校际之间在师资方面的合作与交流。

上海化工职业教育集团，顺应本集团成员单位的需求，借助成员单位的优势，以职教集团为依托，在推进东西部职业院校交流和职业教育协作发展上，进行了有效的探索，取得引人注目的阶段性成果。

二、主要目标

以职教集团为依托，加强校际合作，特别是加强东西部中职学校间、经济发达地区中职学校与边远地区中职学校的合作，相互交流办学经验，共同探讨人才培养模式改革，合作研究课程教材改革，利用优质资源共同培养师资，帮助和加快薄弱中职学校的发展，有效促进区域之间职业教育的协调发展。

三、工作过程

上海化工职业教育集团，是在上海市教育委员会的领导下，以上海信息技术学校和上海石化工业学校为发起单位，联合上海和兄弟省市的化工类职业院校、企事业单位、行业协会等组织，组成的职业教育联合体与利益共同体。上海化工职业教育集团，在上海市教育委员会的领导下，以校企合作、校校合作、化工类专业协同发展为重点，发挥集团成员单位的相对优势，开展日常工作和各项活动，并将东西部院校合作作为一项重点项目，每年都按项目要求，开展具体的工作。

自2010年集团成立后，与新疆伊犁技师培训学院、云南红河技师学院、成都石化工业学校、甘肃化工高级技师学院，长三角的浙江平湖中等职业学校，在化学工艺、计算机及应用等专业进行了合作办学，采用对口支援、教学装备支援、开发课程及其教学标准、教师培养等多种形式，开展了教师的教学研讨、交流互访、合作编写教材、支教等工作。由上海化工职业教育集团秘书处牵头，以集团内学校和企业为基地，开展了集团内教师的互访交流活动，特别是对伊犁技师培训学院、甘肃化工高级技师学院等化工专业教师，分别于2018年12月24日至2019年1月10日与2019年5月13日至6月8日共进行了两次为期一个月的挂职培训，对其化工专业学生进行技能提升培训，为其参加全国技能大赛提供援助。

开展东西部合作交流，一直是我们集团的一项中心工作，集团为贯彻服务"一带一路"、精准扶贫等国家策略，十分重视东、中、西部理事院校的协调发展。近几年，随着集团服务能力的增强，集团根据自身的发展要求和理事单位需求，拓展了服务内容，其中一项，就是组织由行业专家、职教专家、资深教师参加的讲师团，开展"讲师团西部行"活动。

"讲师团西部行"活动，自2016年开始每年一期，集团已将其纳入一年一次的常规工作。活动的内容均根据相关理事院校的要求，由集团秘书处组织。2016、2017、2018年，我们分别对伊犁技师培训学院、成都石化工业学校、云南红河技师学院开展了"讲师团西部行"活动。2018年"讲师团西部行"活动，由集团副理事长高炬带队，15人组成的"讲师团西部行"活动，完全按云南红河技师学院需求制订计划，不但结合了该学校的实际情况，而且共同分享了教学实践、专业建设、技能大赛促进教学改革、课程建设与评价的经验。通过系列讲座及面对面交流,老师们收获颇丰,大家不仅开阔了视野,还厘清了如何解决教学操作过程中遇到的问题,对专业教学改革及专业建设、信息化建设等,都有了更加深入的思考。

2019年集团组织了由20人参加的"讲师团",赴广西工业技师学院,开展"2019年西部行"活动。本次西部行活动,由理事长陈兆麟带队,用时5天,两位副理事长和两位秘书长作为讲师团的重要成员,出席了"2019年西部行"的各项重要活动。"2019年西部行"活动,得到广西工业技师学院党政领导和教师、学生的大力支持。"2019年西部行"活动,是在"职教20条"文件精神指导下进行的,是落实集团服务"一带一路"倡议的一次实践活动,是直接服务于"海上丝绸之路"、服务于上海华谊(集团)的广西北部湾钦州项目的一次工作探索。"2019年西部行"西部行活动,吸取了历次西部行活动的经验,从广西工业技师学院及其专业发展需求为导向,从落实《国家职业教育改革实施方案》有关职业学校与专业发展力求做到"两化"的要求出发,设计和实施了三大交流主题,即石油化工发展趋势及对职业教育的影响、专业建设和改革、人才培养质量提升和学生发展,进行了13场主题报告会。围绕三大主题的13场报告,共涉及:(1)世界石化化工科技发展前沿与我国化工行业发展现状,以及对职业教育发展的影响;(2)"职教20条"背景下职业教育的发展要求和专业建设的国际化;(3)落实《国家职业教育改革实施方案》,主动应对工业4.0时代的到了,学校运行的信息化和专业建设的信息化;(4)人才培养模式改革、专业改革、课程建设、课程评价和有效课堂构建,以及通过以赛促教等途径推进人才培养质量提升;(5)中职学校的教育科研和教师的专业化成长;(6)责任关怀和绿色化工;(7)职业学校的双创教育等七项内容。13场报告,深受广西工业技师学院广大师生的欢迎,受惠师生累计超过1200人次。

在化工类专业的建设上,各学校都有各自的优势,在国家对口支援的政策背景下,建立了校际合作关系,顺利开设了"化学工艺"专业。上海职教集团为被支援校的专业实施无偿提供系列教学文件和帮助,例如,将上海职教集团的专业实施性教学计划、课程标准、部分校本教材、考工标准等赠送给被支援校,为这些学校进行师资培训,资助建设专业实训室等。

四、条件保障

作为集团牵头单位的上海石化工业学校与信息技术学校,为首批国家中等职业教育改革发展示范学校,具有一定的办学优势、教育资源和同业辐射能力,两校将促进区域之间职业教育协调发展视为学校的重要责任。中职学校具有各自的发展特点,我们将增强学校的核心竞争力列为内涵建设的首要任务,也作为校际交流和合作的重要议题,而增强学校的核心竞争力的首要即为全面提高教师的素质与水平,促进教师的专业化发展。因此,我们清醒地认识到:促进区域之间职业教育协调发展是改革发展示范校建设的必然需要;校际合作是有效促进区域之间职业教育协调发展的需要;全国化工中职学校合作与师资培养基地的建设是东西部联动发展的需要。

五、主要成效

职教集团是以专业和产业为纽带，以行业和企业为依托，以多家骨干职业院校及企业为核心，以校企合作为重点，以资源共享和优势互补为特征，相关职业院校、行业、企业和机构协议参与的职业教育发展载体。我们以职教集团为依托，在有效推进东西部合作交流方面取得了一定的成效：

（一）推动促进了职教资源共享

通过强化、优化东西部集团成员单位资源共享机制，推动了其行业、企业和院校合作开展技能型人才需求预测，专业设置与师资培训；推动了其教学、课程等资源共享，校际、校企合作制定人才培养标准、编写教材；推动了其合作建设职业学校专业协调机制，优化专业布局、类型和层次结构，适应了区域经济结构调整和产业升级需要。

（二）扎实推进了校校之间的合作共赢

依托职教集团平台，充分调动集团内外各方面的积极性，充分尊重东西部集团成员单位的利益和需求，构建教学链、产业链、利益链融合体。依托职教集团平台进一步深化了校校合作，着力推动了东西部集团成员单位参与专业设置和建设，指导人才培养方案设计，促进课程内容和职业资格标准融通；推动了东西部集团成员单位合作开展师资培训与交流。使其围绕各地区、专业、行业的实际需要，致力于全面提高学校办学质量和水平，不断为社会输送各类高素质、技能型人才。

（三）推动促进了内涵提升

通过借助上海化工职教集团平台，发挥两家牵头单位重点建设专业优势，与新疆、云南、四川、甘肃、内蒙古等地区部分中职学校结对共建，着力增强了东西部集团成员单位为经济转型和产业升级服务的意识和能力，大力加强了其内涵建设，提高了其专业、课程建设与地方经济社会发展的匹配度，提高了其教师队伍的能力素质。

（四）充分发挥出示范引领与辐射作用

依托职教集团平台，充分发挥作为集团两家牵头单位的综合办学优势和资源优势，使两校在坚持高起点定位和高标准建设中，积极探索和创造职教集团建设经验，在东西部集团成员单位中发挥出引领示范作用，由两家牵头单位组织专家进行的一年一站的"讲师团西部行"活动受到了西部学校的热烈欢迎与充分肯定。

六、体会与思考

（一）利用集团平台开展校际合作，为推进职业教育的共同发展服务

依托职教集团平台，构建化工类中职学校合作平台，建立校际合作交流和发展机制，大

力开展学校管理、教学改革、课程开发、教材建设、教师培养、援教和扶持薄弱学校的各项研究和实践活动,为中西部及边远地区职业学校服务,促进区域之间职业教育协调发展。

集团是根据我国化工产业的全国布局和发展趋势来进行服务定位的,因而一直具有服务全国的宽广视野。集团成立之初,便预测到整个化工产业在全国布局的变化趋势,始终以"开放、协作、共享、融合、互惠"理念为指导,有效突破了地域限制,目前,集团所属25个理事院校分布于全国14个省市自治区,彰显了上海市职业教育的宽广胸襟。为体现集团化办学更好地服务于产业发展的要求,集团一项重要而持久的任务,就是通过集团的运行,在化工类专业中,实现职业教育的跨域合作,在化工类职业院校间,实现通过合作促进均衡发展。市教委主导的精准扶贫和集团创新实践的"西部行"活动,所形成的集团两大工作载体,得到了理事院校及其所在地社会人士的充分肯定,其对全国化工类职业教育协同发展的促进,已经充分显现。

(二) 院校合作中创新有效载体和途径,是东西部合作可持续发展的关键

虽然依托职教集团平台,有效推动了东西部中职学校的合作交流,但这显然不是唯一的载体和途径。集团只有坚持从实际出发,激发成员单位的各自能动作用和创新精神,学习和借鉴兄弟职教集团在院校合作发展中的先进经验,不断探索和创新,才能促进集团资源的有效利用,创造出集团运行的更大价值,实现上海化工职业教育集团为职业教育和化工行业发展服务的初心。

大力弘扬工匠精神　创新人才培养模式

上海新闻出版职业教育集团　滕跃民　王世君

摘　要:上海新闻出版职教集团 2019 年紧密围绕集团工作规划和人才培养工作,以《国家职业教育改革实施方案》为指引,积极发挥集团辐射效应,在不断努力的过程中展开了积极探索。通过不断提高集团管理和服务水平,加强与集团各有关单位和企业的交流合作,大力弘扬工匠精神,努力创新人才培养模式,做好上级主管部门和行业协会、院校、企业的桥梁纽带,为行业发展转型作出积极贡献。

关键词:新闻出版;职业教育;工匠精神

2019 年,上海新闻出版职教集团紧密围绕集团工作规划和人才培养工作,立足岗位职责,严格落实工作计划,凝心聚力抓落实,锐意创新谋开拓,积极贯彻党的十九大报告、十九届一中、二中、三中、四中全会精神和习近平总书记系列重要讲话精神为主线,以《国家职业教育改革实施方案》为指引,发挥技术引领,全面有序推进,人才培养结构进一步优化,培训规划更加科学规范,信息化水平不断提升,通过努力提高集团管理和服务水平、加强与集团各有关单位和企业的交流协作、积极做好联系上级主管部门和行业协会院校企业的桥梁纽带作用,较好地完成了各项工作任务。

一、集团运行相关政策支持

上海新闻出版职教集团,是经上海市教委批准,由上海市新闻出版局、上海出版印刷高等专科学校、上海新闻出版职业技术学校、上海理工大学出版印刷与艺术设计学院牵头组建。首批参加新闻出版职业教育集团的单位有 40 家,其中包括职业院校 7 家、行业协会及科研院所 6 家、企业 27 家。集团是按照平等原则、自愿结合的非营利区域联合性教育组织。集团积极按照《国家职业教育改革实施方案》规划集团工作计划,通过充分有效的校校合作、校企合作,优化整合新闻出版职教资源,在新闻出版职业技术人才培养与培训、人力资源开发、产学研结合、对外交流与合作等方面,展开实质性的探索,带动了集团各院校、企业的发展,为上海新闻出版业健康发展提供了大量人才支撑和智力支持。同时,集团按照市教委相关规定,专门制定了《上海新闻出版职教集团章程》《上海新闻出版职教集团协议书》《上海新闻出版职教集团五年发展规划》《上海新闻出版职教集团工作制度》《上海新闻出版职教集团专项咨询管理办法》等规章制度,确保集团各项工作规范有序开展。

二、加强集团管理机构和运行机构建设

重点牵头单位之一上海出版印刷高等专科学校创建于 1953 年,是我国出版印刷高等职业教育的发源地和领头羊,是出版印刷高等职业教育的先行者,是中华人民共和国成立后的第一所出版印刷类学校,作为原国家新闻出版总署与上海市人民政府共建的特色学校,国家示范性骨干高职院校,60 多年来坚定不移地秉持培养适应社会发展需要的高技能、高素质人才的办学定位,紧密依托行业,大力推行高技能人才培养工程,在跨越性的发展过程中构建了一套比较完整、科学的出版印刷高等职业人才培养体系,将高职专业教学与世界职业技能标准、国家职业标准相结合,多年来精心培养了大批具有创新意识、掌握新技术和新技能的印刷传媒新人才。

此外,集团其他院校、行业协会和上海印钞有限公司、上海烟草包装印刷有限公司、雅昌企业(集团)有限公司、上海印刷集团等企业也有一批优秀的新闻出版行业专家,有着丰富的理论知识和实践经验,为集团工作的顺利进行和完成提供了重要的保障。

三、深化产教融合、校企合作的具体举措和成效

(一) 积极参加"不忘初心、牢记使命"主题教育工作

为深入学习贯彻习近平新时代中国特色社会主义思想、党的十九大精神和十九届一中、二中、三中、四中全会精神,学习贯彻习近平总书记对我国技能选手在第 45 届世界技能大赛上取得佳绩作出的重要指示,落实《国务院关于加快发展现代职业教育的决定》关于"完善职业教育和培训体系,深化产教融合、校企合作"的工作要求,着力解决职业教育校企合作的制度短板,加强对产教融合的引导和推动,加强校企合作,产教深度融合。集团单位上海印钞有限公司、上海烟草包装印刷有限公司、高斯图文印刷系统(中国)有限公司和上海出版印刷高等专科学校深入开展院校领导与企业领导"不忘初心,牢记使命"系列主题教育学习,邀请了上海市委讲师团成员胡伟教授、中组部延安干部学院特聘教授李义平、中国浦东干部学院沈斐教授为我们作专题讲座。

(二) 强化示范引领,深入推进高技能人才培养选拔。

为全力做好第 45 届世界技能大赛印刷媒体技术项目中国集训基地、世界技能大赛上海选手培养基地建设工作,确保各项工作顺利开展与高效运行,充分发挥在新闻出版行业高技能人才培养方面的办学优势,进一步增强学校服务区域产业发展和社会建设能力,集团设立

了第 45 届世界技能大赛印刷媒体技术项目中国集训基地建设管理委员会、上海市高技能人才培养基地建设管理委员会,由校长和党委书记亲任主任,党委副书记、副校长任副主任,各相关职能部门处长、教学系部主任任委员。管委会下设办公室、技术组、教练组、宣传组、后勤保障组。管委会作为基地最高决策领导机构,负责对基地建设与运行管理中的重大事项进行审定和决策。技术技能人才学院负责基地建设与日常运行管理。基地建设管委会的建立,最大程度地保证了世赛基地建设、集训、选拔等各项工作管理高效、实施到位。

(三) 人才培养水平得到社会高度认可,毕业生供不应求

职业技能竞赛活动的广泛开展,拓宽了高技能人才的成长通道,显著提升了人才培养水平和学生就业优势,毕业生供不应求,学校毕业生连续 3 年"双证书"获取率达 100%,就业率平均达 99%。职业技能竞赛优胜毕业生往往被德国海德堡印刷机械股份公司、美国当纳利印刷有限公司、上海烟草包装印刷有限公司、上海印钞有限公司等知名骨干企业早早预订,学生综合素质和技能水平普遍受到用人单位好评。

(四) 适应行业企业需求,打造区域培训中心

学校与上海烟草包装印刷有限公司、上海印钞有限公司等多家行业知名企业合力打造行业人才培养和技术合作基地,着力构建与中国印刷技术协会、上海印刷技术协会等密切合作的开放式培训体系,充分利用学校的办学资源,建立灵活开放的职业培训网络,开展社会服务。

(1) 企业职工培训成绩斐然。学校基地紧密依托行业,培训课程紧密结合行业和社会需求,培训内容不断更新,基地培训量逐年递增;举办印刷行业职业技能竞赛的平版印刷工、印品整饰工、印前制作员培训。学校在培训高技能人才方面积累了较丰富的培训经验,多次受到原国家新闻出版总署、人力资源和社会保障部、上海市新闻出版局、上海市人力资源和社会保障局的表扬和肯定。

(2) 师资队伍培训成效显著。加强新闻出版职业教育师资培训,依托集团和长三角新闻出版职教创新联盟平台、积极推进新闻出版行业职业院校各层次师资队伍培训,制订培训计划和培训方案,完善培训内容和丰富培训方式,加强跟踪反馈,增加培训效果,每年举办长三角地区新闻出版行业师资培训班,年均培训 400 余人次,在行业中产生了积极广泛的影响。

(3) 分级分类开展高技能人才培训。为上海烟草包装印刷有限公司举行员工技能比武活动,印刷实训中心、人才学院的教师整体承担了现场执裁、登分统计等工作,公平、严格、规范的技术执裁等工作使烟印员工技能水平得到显著提高,推动了企业爱岗敬岗氛围的营造。开发 5S 仓储管理、微课制作专项能力培训,培训行业企业员工。

四、人才培养模式的创新与探索

(一) 进一步完善高技能人才培养选拔机制

(1) 建立选手培养梯队。技能人才培养非一蹴而就,需长期积累,因此学校通过"高技能

人才培养工程"有效形成了选手梯队。首先,在校内培养体系建设中,通过大一全校海选、大二技能培训、最后成为全国选拔赛后备选手或参赛选手,同时该批学生也可肩负起部分大一学生的技术指导任务;其次,按照人力资源社会保障部工作部署,基地对中国集训队的队员进行统一管理、统一集训,积极对接世赛标准,保证集训工作的严谨、科学、规范、公平;最后,积极开展集训走训工作,通过赴其他基地进行高强度训练,技术技能和综合能力都得到了进一步的增强。

(2) 形成全面培训体系。世赛除对选手技能有很高的要求外,其外语、心理、体能、职业素养等水平也是保障选手优异参赛成绩所不可或缺的重要因素。基于该原因,在没有真正成为世赛选手的前期人才培养过程中,注重形成较为全面的培训体系,如进行英语口语、专业英语培训,在技能培养中融入职业素养培训等内容。

(二) 搭建职业教育人才培养高端平台

加大职业教育人才培养力度,搭建起国内国外贯通的印刷媒体技术专业人才培养高端平台。为进一步加强国际技能交流,积累更多技能人才培养的国际经验,2019 年 1—3 月,学校作为上海赛区仅有的四个比赛场地之一,承担信息网络布线、网络系统管理、商务软件解决方案、印刷媒体技术四个项目的集中阶段性考核赛务工作,同时作为世界技能大赛中国集训基地负责印刷媒体技术项目的比赛和相关保障工作。2019 年 3 月,学校名誉教授西蒙·巴特利主席专程来沪交流校企协同培养高技能人才运行机制,以此为契机专门召开产教融合、校企双元高技能人才培养专题研讨会,研讨会就依托世界技能大赛高端平台,积极发挥资源优势,努力推进校企深度合作,促进优质教育资源共享,以国际视野和现代理念,高水平谋划技能人才培养事业发展进行了深入研讨,对进一步加强校企双元育人模式研究具有重要意义。2019 年 9 月,举办长三角新闻出版职教创新联盟第五届师资培训班。该培训班作为长三角新闻出版职教创新联盟加强校企合作、产教融合的重要抓手已经成功举办 4 届,对深刻把握新时代加强产教融合,探究高技能人才培养模式,探索校企深度合作新机制提供智力支持具有积极意义。2019 年 12 月,学校名誉教授西蒙·巴特利主席专程来校,召开上海筹办第 46 届世界技能大赛相关工作研讨会,研讨会对上海世赛筹办工作中的重点、难点问题进行了深入探讨,将对稳步推进下阶段上海举办第 46 届世赛工作发挥积极作用。

(三) 拓宽高技能人才培养渠道

积极开展行业竞赛练兵。2019 年 3—7 月,做好第 45 届世界技能大赛印刷媒体技术项目赛前集训走训、心理保障、选手保障等各项保障工作,积极联系人社部、上海市人社局、上海市教委等单位。2019 年 8—9 月,全力保障参加第 45 届世界技能大赛生活后勤保障工作以及大赛比赛前期,选手出征、筹备、到达喀山情况宣传工作。2019 年 10—11 月,做好第 46 届世界技能大赛印刷媒体技术项目上海选拔赛后勤保障各项工作,畅通选手培养渠道;组织参加由美国印刷工业协会主办,被誉为全球印刷界"奥斯卡"的"美国印刷大奖",选送的参赛作品获得 1 金 5 银 3 铜的优异成绩;承担由国家广播电视总局、人力资源和社会保障部联合主办，中国印刷技术协会、中国就业培训技术指导中心承办的第六届全国印刷行业职业技能大赛平版印刷员全国总决赛各项工作，全国共近35万人参赛，占本次大赛全国参赛总人数的一半，共有24个省（区、市）派出114名选手参加平版印刷员的全国总决赛，我校教师和学生在大赛中取得一、二、三等奖数十项，大赛达到了预期效果，取得了圆满成功。大赛的成功举办进一步提升了学校在行业的知名度，达到了"以赛促教、以赛促学、以赛促练"的积极效果。

五、强化专业和实训基地建设，有效开展资源共享和文化建设

当前，我国新闻出版业正处于转型发展的关键时期，同时它又面临绿色化、数字化的升级换代压力；从发展趋势看，数字出版是行业的新兴领域，发展速度快，市场空间大。可以发现，随着新闻出版业转型升级、融合发展的速度不断加快，单一的、低附加值的、低技术含量的工种将逐渐被淘汰，实操型工作岗位的复合化程度、科技含量越来越高，这也必然对行业职业院校提出新的更高要求，加快培养高素质、高技能、实践型的复合型人才，推进应用技术型院校建设成为必然选择。未来，学校将进一步凝聚技术技能人才培养培训领头羊的共识，重点做好三个方面的工作：

第一，打造技术技能人才培养的新模式。人才培养模式是职业教育的生命线。从国外职业教育发展的轨迹来看，特色的培养模式，是人才培养质量的重要保障，例如德国的双元制、澳大利亚的TAFE，等等。下一步，学校将结合行业发展趋势，创新技术技能人才培养模式，积极探索现代学徒制的适宜形式，突出学生实践能力的培养，全面提高学生的综合素质。按照"大众创业、万众创新"的要求，加大创新创业人才培养，建立创新创业学分积累与转换制度，办好各级各类创新创业竞赛，增强学生的创新创业能力。

第二，搭建国际交流与合作的新平台。围绕提升应用技术人才质量的要求，全方位推进教育国际化建设。引进国际职业资格标准，系统培养技术技能型人才。实施中外合作办学质量评估与认证制度，扩大与国外合作院校在学分学历互认、专业技术证书互认等方面的合作。进一步拓展中外合作办学专业，筹建现代传媒技术与艺术国际学院。加强教师海外进修与研修，深入实施学生海外学习、实习计划，增强师生的国际视野和专业能力。

面对国家高度重视文化产业大发展和职业教育大投入的历史发展机遇，上海版专将更加关注和主动适应新闻出版传媒发展的要求，立足行业，不断丰富社会服务能力建设内涵，为行业发展提供更大的人才支撑和智力支撑。目前，学校已成功聘请世界技能组织主席西蒙·巴特利先生为学校名誉教授。

第三，构筑行业人员继续教育的新高地。学校将立足构建学习型社会、提供终身教育的理念，加快社会化、开放式办学，贯彻落实《国家职业教育改革实施方案》，提高行业企业员工素质、操作水平。充分发挥作为国家新闻出版署出版印刷人才培养基地的优势，一方面加快招生制度改革，逐步扩大招收有实践经历人员的比例，广泛开展形式多样的技术技能培训，切实提高从业人员的素质和水平；另一方面着重加强高技能人才培训，借力上海新闻出版职

业教育集团、长三角新闻出版职业教育创新联盟，与行业企业深度合作，协同开展高端人才培训项目。通过创新合作内容形式，充分发挥学校、企业、行业协会的资源优势，以"共进共赢共荣"为基本原则，寻找彼此合作的最大公约数，切实为出版印刷行业转型发展提供坚实的人才保障。

六、相关思考

新闻出版业是主要依靠人才发展的行业。特别是当前，新闻出版业正面临前所未有的深刻调整、深刻变化：大多数新闻出版单位转企改制，实行企业化经营管理；以数字出版、绿色印刷、动漫游戏为代表的新技术、新产品、新业态不断出现；传统媒体与新兴媒体日益融合，融合发展成为大势所趋；产业结构不断优化，数字出版等新媒体经济所占比重越来越大。行业企业不单单需要某一类技能型人才，还需要具有各种相关交叉学科理论和广阔视野的多类学科知识支撑的复合型技术型人才，要求其既懂印刷知识，还要精通数字出版业务、信息技术、创意艺术、营销管理、对外贸易、材料科学、化工和环境知识的复合技术型人才，既精通专业技术又擅长商业管理的具有综合素质的人才，对产业发展业态有系统把握的前瞻性人才。这更需要新闻出版职业教育提升人才培养水平，造就一大批行业急需的新型人才，为新闻出版强国建设提供有力的人才支撑。要充分认识新闻出版职业院校在推动新闻出版技术技能人才培养培训中的独特地位和作用，充分认识对促进新闻出版业科学发展的重要支撑作用，扎实做好新闻出版技术技能人才培养。

国家新闻出版业发展的新形势对职业教育体系建设提出了新的挑战。随着新闻出版产业结构的调整升级，职业岗位所要求的素质、技能、能力和专业知识水平越来越高，迫切需要进一步树立"大职业教育观"，为职业教育的未来发展提供良好的空间和平台。但目前新闻出版高技能人才还面临着一些亟待解决的问题：一是总量不足、结构矛盾仍然存在。目前新闻出版技能人才队伍无论在总量、结构和素质要求上，还不能完全适应新闻出版产业发展需求，劳动者的等级结构与发达国家新闻出版相比不够合理。高技能人才培养与产业发展的紧密度不够，与企业生产和产业发展的实际需求还存在差距。二是企业对高技能人才培养的积极性有待提高。部分新闻出版企业对技能人才"重使用、轻培养，要求多、支持少"的现象仍然存在，对职工职业培训投入总体不足。三是新闻出版高技能人才发展的社会行业环境需进一步完善。对高技能人才的认识仍有偏差，"重学历，轻技能"的观念未从根本上得到扭转。四是高技能人才培养的相关基础工作还较为薄弱。社会行业培训资源在高技能人才培养方面的能级还不够，培训模式内容、设施设备以及师资力量未能充分满足产业发展和市场需求。同时，与新产业、新技术发展相比，新职业项目标准的开发相对滞后，部分职业培训鉴定的标准、模式与生产操作实际存在一定差异。发挥新闻出版职业院校的能动性，加强校企合作，加快新闻出版技术技能人才培养，对解决当前新闻出版业高技能人才队伍建设中存在问题具有积极的作用。

调研机器人产业动态　优化专业建设方向

上海市智能机器人职业教育集团　王珺荻

摘　要:随着工业机器人在制造业中应用进一步扩大,为人力资源市场释放更多就业机会,刺激着工业机器人技术专业的发展。2021 年,本集团开展了"机器人产业动态与人才培养调研"工作,通过文献分析法、问卷调研法等研究方法,调研了机器人行业的整体发展趋势,就企业用人需求与职业院校人才培养之间的偏差进行了分析,从"中国智能制造及工业机器人行业企业现状及发展趋势""工业机器人行业企业人才需求现状""职业院校工业机器人专业课程配置与实训环境情况"三个方向对专业建设提出建议。

关键词:机器人;人才需求;产业动态;实训环境

一、实施背景

近年来,国家高度重视智能制造产业的持续发展,相继出台《中国智能制造 2025》《关于推进机器人产业发展的指导意见》《"十四五"智能制造发展规划》(征求意见稿),在"中国制造 2025"的战略布局下,我国许多制造业企业纷纷启动"机器换人"项目。我国工业机器人连续六年成为全球第一大应用市场,服务机器人需求潜力巨大,创新产品大量出现。上海在工程机械、汽车、大飞机、轮船、电子制造等领域的产业优势,为智能制造装备应用提供了广阔的市场空间。

结合全国各省与机器人相关职位的招聘信息发现,智能制造领域技术技能人才缺口较大,行业快速发展与技术技能人才紧缺已经形成了一对突出的矛盾;职业院校专业调整滞后于行业发展;企业与职业院校在合作开展人才培养方面缺乏有效的沟通途径;职业院校相关专业人才培养规模、质量与行业对技术技能人才需求有明显偏差。

在上海市教委职教处的指导和上海市教委教育技术装备中心的组织管理下,上海市智能机器人职教集团以校企、校协、校际合作为基础,成立项目组,对智能机器人行业发展和岗位需求进行了深入调研,以期获得最新的一手信息,为集团内外职业院校的智能机器人相关专业的建设提供一定的依据及方向。

二、实施目标

上海市智能机器人职教集团与上海市机器人行业协会协作,每年开展一次行业发展、产业布局、人才需求的调研,并发布产业分布热力图和《职教集团:机器人、人工智能行业 行业动态与人才需求调研报告》。

2021年,集团结合企业对中职工业机器人专业人才所具备的综合技能需求,对智能制造、工业机器人的行业发展现状及其趋势、企业的人力资源现状和需求、各学院的课程设置与实训环境等内容进行信息收集及调研,深入了解智能制造及下属的工业机器人行业的发展趋势、人才需求状态。

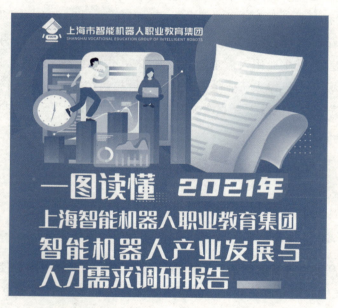

▲ 图 智能机器人产业发展与人才需求调研报告

三、实施过程

(一)调研样本

为了确保调研数据的真实有效性,以及深入了解各院校的智能机器人技术专业实训基地建设情况和相关领域企业参与建设职业院校智能机器人专业实训室的意愿度情况,集团通过问卷调查、电话等方式联系了全国多家院校及相关领域内的企业。

1. 选取样本企业

以智能制造业为依据,确定本次调研企业主要聚焦在四个类型——机器人本体制造型企业、自动化生产线集成商、应用型企业、虚拟设备供应商。具体参与调研的企业列表如表1:

▼ 表 1　参与调研的企业列表

公司名称	公司性质	职工规模
上海明材数字科技有限公司	高新技术企业|创新型企业|创业型企业|研发应用型企业	51人至100人
上海添唯教育科技有限公司	高新技术企业	1000人以上
浙江科穹教学设备有限公司	高新技术企业	50人及以下
上海智逍遥机器人有限公司	高新技术企业|创新型企业	50人及以下
上海库茂机器人有限公司	高新技术企业	51人至100人
徐州鑫科机器人有限公司	高新技术企业|创新型企业|研发应用型企业	51人至100人
北京触角科技有限公司.	高新技术企业|创业型企业	50人及以下
上海优信教育科技有限公司	高新技术企业	50人及以下
江苏中教科信息技术有限公司	高新技术企业|创业型企业|研发应用型企业	51人至100人
开放智能机器上海有限公司	高新技术企业	101人至300人
上海物景智能科技有限公司	高新技术企业	50人及以下
北京钢铁侠科技有限公司	高新技术企业|创新型企业|研发应用型企业	51人至100人
上海新时达机器人有限公司	高新技术企业|创新型企业	101人至300人
辽宁都城机器人科技有限公司	研发应用型企业	50人及以下
福州仕东科技有限公司	创业型企业	50人及以下
唯亚威应用光学(苏州)有限公司	其他〖外资〗	101人至300人
上海自动化仪表有限公司	高新技术企业|创新型企业|研发应用型企业	1000人以上
上海连归科技有限公司	研发应用型企业	50人及以下

2. 选取样本院校

以开设工业机器人专业的院校为例,确定本次调研主要聚焦在中高职院校。具体参与调研的院校列表如表2:

表2 参与调研的院校列表

学校名称	教学阶段	办学性质	学校类别
上海信息技术学校	中职	公办	国家级示范
上海市群益职业技术学样	中职	公办	国家级示范
上海市机械工业学校	中职	公办	其他〖上海百强中专〗
上海市城市科技学校	中职	公办	国家级示范
江南造船集团职业技术学校	中职	公办	国家级重点
上海石化工业学校	中职	公办	国家级重点
江苏省相城中等专业学校	高职|中职	公办	国家级重点
苏州工业园区工业技术学校	高职	公办	国家级重点
常州机电职业技术学院	高职	公办	国家级示范
重庆市龙门浩职业中学校	中职	公办	国家级示范
上海市工业技术学校	中职	公办	国家级重点
上海科技管理学校	中职	公办	国家级重点
上海海事大学附属职业技术学校	中职	公办	其他〖上海市重点〗
上海市材料工程学校	高职|中职	公办	省级示范
上海电子信息职业技术学院	高职|中职	公办	国家级示范
江淮工业学校	高职|中职	公办	国家级示范
嘉善县中等专业学校（嘉善技师学院）	中职|技校	公办	国家级重点
重庆机械技师学院	技校	公办	国家级示范
上海市高级技工学校	高职|中职	公办	国家级重点
上海工商信息学校	中职	公办	国家级示范
上海城建职业学校	高职	公办	国家级重点
上海市宝山职业技术学校	中职	公办	国家级重点
广西工商技师学院	本科|高职|中职|技师	公办	国家级重点

（二）项目实施

本次调研设为三个模块，"中国智能制造及工业机器人行业企业现状及发展趋势"与"工业机器人行业企业人才需求现状"以及"职业院校工业机器人专业课程配置与实训环境情况"。根据三个模块进行编制调研提纲，设计调研问卷，以调研问卷形式收集信息。从 2021 年 3 月启动，7 月初完成数据采集工作，7 月开始数据汇总分析。

集团在研读《智能制造产业人才发展报告（2019—2020 年版）》《中国机器人产业（2020—2021）》《工业自动化浪潮加速，国产机器人崛起》等多项研究报告，明确中国智能制造及工业机器人行业企业现状及发展趋势的基础上，访问行业企业的技能专家，召开座谈交流会，了解行业、企业的发展状况、企业的岗位设置情况及人才的需求情况，访谈的核心内容围绕深入了解企业人一线岗位要求，以及企业对毕业生职业能力评价，掌握工业机器人行业企业人才需求现状。加之调研采集汇总的数据，形成对行业发展动态及人才需求的分析，掌握职业院校工业机器人专业课程配置与实训环境情况，最终形成《职教集团：机器人、人工智能行业动态与人才需求调研报告》，提供给职教集团成员单位，为各成员院校开展专业设置、人才培养规划和调整提供参考依据；为行业产业技能人才需求，提供基础性依据。

四、实施保障

（一）确定工作流程，明确工作责任

遵循项目负责制的原则，成立《机器人产业动态与人才培养》调研实施领导小组，负责项目指导、协调工作，小组严格按建设规划中所列的工作目标和工作进程，分阶段落实《机器人产业动态与人才培养调研》计划，监督调研工作。

（二）完善制度建设，精心组织实施

集团认真制订《机器人产业动态与人才培养调研》方案，统筹组织，深度贯彻落实；同时制定了规范的项目管理工作流程，加强对《机器人产业动态与人才培养调研》工作检查和监督，并聘请教育专家及行业专家提出具体的指导意见。

（三）加强校企联系，明确分工责任

项目由领导小组统一领导，由集团成员院校、企业自愿参与。在领导小组的协调与带领之下加强各项目成员之间的合作，明确任务责任人，落实任务，避免相互推诿。调研成员配置做到相对固定，力争项目周密实施。

五、成果与特色

集团在本次调研工作中坚持以优化专业建设为宗旨，提升人才培养质量为目标，通过多

方面渠道的努力,现将调研项目成果汇总如下:

(一)行业整体发展情况很好,人才需求庞大

通过调研发现,我国京津冀地区、长三角地区、粤港澳大湾区地区是当前智能制造业的主要发展高地,同时也是智能制造业人才资源的主要聚集地,依据人才供需图,可以看到,人才需求规模占全国总需求的 91%,人才供给规模占全国总供给的 82.9%。我国工业机器人领域的人才缺口约为 20 万,且每年仍以 20%至 30%的速度增长。长三角地区作为我国工业机器人领域人才培养主阵地之一,人才的需求量尤为庞大。

(二)中职学校专业人才规格偏低,学生升学为主

根据当前的企业招聘人才缺口而言,以就业为导向、以技能服务人才培养为中心的中等职业学校在工业机器人专业人才培养规格、人才综合职业能力教育上与企业需求仍存在一定差距。中职工业机器人专业人才培养目标定位,既要适应企业的人才需求,也应与学生成才需求、中职学生身心发展特点、学校自身的办学条件等相适应,借助企业的经验和资源,深化产教融合、校企合作、工学结合的长效机制,提高专业人才培养质量,为学生进入高一层级的职业教育打下良好的基础,满足行业市场发展需求。

(三)课程设置与企业需求不完全一致,导致人才供需矛盾

学校布局的课程与企业希望学生所掌握的技能有滞后,针对岗位的要求不精准,导致学生无法掌握足够的技能应对企业工作环境。因此,中职学校工业机器人专业课程设置需根据企业用人岗位的需求进行调整,综合考虑市场需求、企业差异、就业岗位要求、技术发展水平、学生基础与成才需求等因素,定位不同的岗位服务方向和人才类型,培养学生的关键岗位能力知识,逐步完善、扩充企业化课程体系,开展企业课程置换,使专业的人才培养与企业的用人需求零距离对接。

(四)人才培养过程中对学生职业生涯教育不够,就业与预期有偏差

企业希望学生从事的岗位需求与毕业生想要从事的岗位意愿不完全匹配,导致企业的人才缺口始终无法得到满足,学生的真实就业情况也会与预期产生较大偏差。这些现象直接反映了中职学校在工业机器人专业人才培养目标和实际人才培养工作上出现了严重的问题。因此,我们期望职业院校工业机器人专业的毕业生源具有"胜任某些岗位要求"的初步就业技能,具有未来职业可持续发展的基础。职业院校需加强学生职业生涯规划,增加认识实习、生产实训、顶岗实践等环节,让学生对企业岗位有深入的了解,帮助学生明确学习成长目标,从而提高人才培养水平及学生的就业质量。

(五)具有实践经验的师资力量不足,团队结构有待调整

现有职业院校工业机器人专业师资力量不足,职业院校很难聘请到足够的行业企业实践经验丰富的技术人员来学习当专业负责人或者全职教师,专业专职教师人员不足。因此,

学校应该拓宽用人思路,如广泛吸收和聘请更高教育层次的"双师型"教师、行业企业实践能力强的技术人员、能工巧匠作为实践指导教师和特聘兼职教师,采取兼职聘用、任务聘用、项目聘用等办法,加大聘请校外特聘兼职教师力度,优化师资结构,提高整体师资力量。此外,加大"社会人士招聘"是教师引进主渠道,引进具有专业背景、职业资格、工作经验丰富的专业人才,充实教师队伍,实现教师来源多元化。

(六) 实训条件不足,教学任务难以开展

1. 实训空间不足、实训设备设施配套经费不足

通过调研发现,随着智能制造方向人才需求的增长,工业机器人专业学生相继增加,各院校进行实践教学任务时,实训空间不足、实训设备设施的配套经费不足,是亟待解决的问题。真实的工业机器人设备,例如 FANUC 机器人,单机的价格 20—30 万元,一个 60 m² 的实训环境,通常只适合放置 2 台真实机器人设备。而院校调研发现,大多数院校现有的智能机器人实训环境面积在 40 m² 及以下,实训设备预算不足,无法满足工业机器人实训环境搭建。

院校可以通过校企合作、产教融合的方式,建设企业学习中心,课堂从校园延伸至企业,学习方式从传统授课延伸至实践教学。还可以通过建设虚拟仿真实训环境,解决院校过度依赖真实机器人设备的现状。"虚实结合"的工业机器人设备可以与真实的工业机器人设备很好地协作,在技能训练过程中,发挥各自的优势和长处。

2. 实训管理缺乏信息化手段,与数字化转化行业特征不符

通过调研发现,96.15％中职学校对于实训设备的管理都处于孤立又粗放的状态,缺乏有效的人工管理及相配套的设备管理系统。如今实训设备技术分别朝着集成化、自动化、综合化、技术密集化方向发展,要实现实训设备的高效利用和资源共享,需要数字化设备管理系统的支撑以及精细、规范的设备管理方法。

院校可通过制定系统的管理方法和制度,运用程序化、标准化、信息化手段,规范工作流程,明确职能和分工以促进设备管理工作的高效、协同和持续发展。实训设备管理可借鉴企业的精细化管理模式,有利于进一步提升实训设备管理的绩效和水平。同时逐步建立可精细化的管理体系,根据部门职责和职能分工设立资产设备管理或后勤保障部门,统筹和负责全校的设备决策和管理工作;根据专业设立相应实训管理中心或实训教学工作室。各实训中心和实训室通过职责细化和工作分工,设立实训室主任、实训设备管理专员等岗位。通过推行精细化管理模式,解决分工不明确、工作量分配不均、管理不到位等问题。

六、体会与思考

上海市智能机器人职业教育集团作为长三角地区智能制造产业重要的枢纽,承担着为各院校提供导向的重要职能工作,在本地区智能制造产业的发展进程中,中职学校扮演了不

可或缺的角色,承担着为行业企业提供技能人才的关键任务。

随着科学技术的发展,以及国家相关工业战略的深入推进,我国在智能制造的研究方面主要以工业机器人为主导,并且各个生产企业在实际发展的过程当中,逐渐开始向新旧动能转化的方向发展,智能机器人行业快速发展,迫切需要大量高素质应用型人才。然而该领域技术技能人才缺口较大,行业快速发展与技术技能人才紧缺已经形成一对突出的矛盾。职业院校专业调整滞后于行业发展,企业与职业院校在合作开展人才培养方面缺乏有效的沟通和途径,职业院校相关专业人才培养规模、质量与行业对技术技能人才需求有明显偏差,要实现持续、健康、快速发展,面对以上种种问题,首先必须准确定位专业发展方向,其次寻求合理、有效的专业实现途径,才能有效解决问题。

本次调研报告在梳理和分析相关文献资料的基础上,对智能机器人产业发展动态及行业、人才需求等进行了初步研究,结合职业院校与企业工业机器人专业发展现状进行分析,提出实现工业机器人专业多维领域建设建议,为集团内外职业院校,机器人相关专业的建设提供有价值的依据及参考。

基于生涯教育一体化视角下的中高职衔接

上海嘉定职业教育集团　徐　军　严志明

摘　要: 上海嘉定职业教育集积极探索在区域职业院校内开展中高职一体化生涯教育的路径,分类选树职业教育学生生涯故事案例,编撰涵盖"生涯辅导能力""学生工作能力"及"就业指导能力"三大模块、12项主题的生涯教育课程教案以及配套的教学工具包,激励、启迪和引导学生正确地认识职业教育,合理设计人生规划,提高学生家长及社会对职业教育的认可度。

关键词: 生涯教育;中高职贯通;一体化

一、实施背景

国家对于职业教育的重视不言而喻。2021年4月,全国职业教育大会召开。2021年10月12日,中共中央办公厅、国务院办公厅印发《关于推动现代职业教育高质量发展的意见》,制定了"到2025年,职业教育类型特色更加鲜明,现代职业教育体系基本建成,技能型社会建设全面推进,职业教育吸引力和培养质量显著提高。到2035年,职业教育整体水平进入世界前列,技能型社会基本建成。技术技能人才社会地位大幅提升,职业教育供给与经济社会发展需求高度匹配,在全面建设社会主义现代化国家中的作用显著增强"的整体目标。这些都充分体现了以习近平同志为核心的党中央对职业教育的高度重视,必将有力推动职业教育高质量发展。

目前,上海市教委已将所有中职学校和高职院校"统一归口","中高职贯通""中本贯通""高本贯通"等升学路径"立交桥"的建设已趋于完善,同时在各项赛事和评选中,将中职、高职单列为"职教赛道"也已成为普遍做法。可见,在"类型教育"理念的落实和推动下,进一步加强职业教育人才贯通培养是大势所趋,也是发挥职业教育特色的重要举措。

在上海市教委职教处的指导下,在上海市教委教育技术装备中心的组织管理下,上海嘉定职业教育集团围绕"长三角一体化"和"嘉定新城"建设战略布局,由区政府搭台、区教育局牵头,联合区域内各级职业院校、高等院校、成人院校和相关企业,优化和改革人才培养模式,提升全区职业教育整体水平;建立共享合作机制,构建中高等教育立交桥,以实现嘉定区"大职教"战略构思,更好地服务于区域经济发展和人才需要。集团于2021年启动了一系列基于生涯教育一体化模式下的职业教育人才培养探索与实践,在探索现代职业教育体系建设方面,积累了一些加强职业教育集团内中高职教育衔接的工作经验。

二、实施目标

(一) 化"被动""无奈"为"积极""科学"的生涯选择

国家大力支持和发展职业教育,然而受学历的"军备竞赛"、读职校就是成绩不好、"低人一等"等传统观念的影响,家长对于职业教育的认可度并不高,甚至有些抵触,职业教育受到"冷遇"及"轻职教"的思维惯性仍普遍存在。多种因素叠加造成了学生和家长把升入普高或本科作为唯一的选择,进入中职学校或者高职院校往往是一种"无奈"和"被动"之选。嘉定职业教育集团以培养高素质就业人才为导向,以生涯教育一体化为抓手,促使学生在进行"积极"和"科学"的生涯选择,提升职业教育成效,促进中、高、职(中职、高职、职场)衔接,以期成为建立现代职业教育体系的重要组成。

(二) 化"躺平""茫盲"为"内驱""扬长"的学涯行者

当下仍有较多选择职业教育的学生是"被动"和"无奈"的,这容易造成他们在学习中的"茫然"和"盲目"或干脆选择"躺平"。生涯教育可以帮助学生更充分地认识自己,挖掘自身优势,不断"扬长"以恢复信心并促使其产生"内驱"动力。职业教育注重的不仅只是培养就业技能,同样注重提升职业生涯规划和持续发展能力,生涯教育和职业教育本身即是高度同源的。嘉定职业教育集团利用自身平台优势,在中职和高职中开展一体化的生涯教育,让学生在学涯行进中能够"以终为始",这对缓和就业压力、调整劳动力结构失调、增强学生就业能力、缩小就业者和工作岗位之间的差异,以及职业教育自身发展都有着重要意义。

三、实施过程

(一) 调研区域职业教育和生涯教育发展情况整体推动工作实施

从嘉定区职业教育发展特点出发,对中、高职学校就业指导或生涯教育工作相关教师;学生及家长开展访谈和调研,着重了解:区域内中、高职学生学习及发展情况;中、高职学校就业指导与生涯教育开展情况;学生及家长对学校教育及学生职业发展的反馈与期待等。根据调研发现,目前嘉定中职学校升学率在95%左右,中职学生入校时需要开展更"积极""科学"的生涯(专业)选择指导;在升学导向下,中职专业教育须更多地衔接高职课程,中高职教育的课程内容需要更多地以就业为导向,一贯化的中高职教育更有利于学生深耕专业深入学习,掌握更扎实的专业技能,以具有更高的就业竞争力;而中职学校目前与高职院校联动不足,生涯教育专业教师及资源相对匮乏;学生自我认识和学习动力普遍存在不足,生涯辅导仍需要加强等诸多问题。为此,集团邀请了职业教育专家、生涯教育专家和就业指导专家组成专家组,对相关问题进行研讨,聚焦核心问题并提出针对性建议,在 2021 年度指导开展了针对性的教育实践活动。

(二) 选树优秀学生榜样汇编教学案例内容以激励启迪学生

为了更好地展示职业教育学生通过自身努力(不"躺平"),同样可以取得不俗的成绩,以激励、启迪和引导学生正确地认识职业教育,合理设计人生规划,提高学生家长及社会对职业教育的认可度,集团在全区中、高职学校内征集优秀学生生涯故事案例,并按以下分类开展职业教育(优秀)学生生涯故事案例访谈和撰写工作,共计完成 10 篇。

学段	身份特征	专业分类	亮点挖掘
中职	在校生	中本贯通	契合国家发展导向
中职	在校生	中高贯通	在各方面表现优异
中职	毕业生	普通中职	坚持学习考入本科
中职	在校生	成人中专	进入中职后不断进步提升
高职	在校生		在各方面表现优异
高职	毕业生		坚持学习不断深造(研究生)
高职	毕业生		进入公职服务社会
高职	毕业生	不分专业	在专业技术岗位,努力取得成绩
高职	毕业生		基于自身兴趣,努力取得成绩
高职	毕业生		自主创业,努力取得一定成绩

同时将上述访谈案例整理成册,对学校教育而言,可供职业院校教师开展生涯教育之用,对职业教育学生而言,可以激励职业教育学生认知成才的多元可能,以及为此所需付出的应有努力,使之学有榜样,学有方向。对社会大众特别是学生家长而言,促使其正确认识和看待职业教育,让职业教育不再是"无奈""差生"之选。对职业教育长远发展而言,更多生动的人才成功培养案例是"选择职业教育同样可以成才"最好的宣传和佐证。

(三) 基于中高职生涯教育一体化编撰课程组建师资开展培训

在前期调研及在专家组的指导下,基于中高职生涯教育一体化理念,组建了来自集团内中、高职学校的生涯教育教师工作团队,并编撰了涵盖"生涯辅导能力""学生工作能力"及

"就业指导能力"三大模块、12 项主题的生涯教育课程教案以及配套的教学工具包,并基于课程内容对相关教师开展了一次生涯教育师资培训和一次学生生涯辅导培训,对课程的匹配性和实践性进行了验证和完善修订。同时邀请专家工作组对课程和教学实践进行了充分的论证。

四、实施保障

(一) 机制保障

集团成立专项工作领导小组,集团领导任组长,集团内中、高职院校就业工作负责人参与。将此项工作纳入集团"十四五"重点工作,2021 年度共召开工作推进会 5 次,研讨会 2 次,总结会 1 次。通过加强组织领导、统筹规划、精心组织、指导实施,把各项工作落到实处,并形成各学校共同参与、协力配合、共建共享,相关教职员工和学生积极参与的领导体制和工作机制。

(二) 专业保障

建立专家工作组,外部专家团队包括:职业教育专家、原同济大学常务副校长周篏教授;生涯教育学科带头人贾永春正高级教师;学生与就业工作专家、上海理工大学李道康副研究员,内部专家包括各中、高职院校分管校长等。同时组建了由集团中、高职院校专业教师组成的生涯教育教学团队并组织培训以提升专业水平,结合各职业学校实际情况开展生涯教育,集团做好协同保障,在整个工作体系中,实行优势互补,确保专业及教学质量。

(三) 资金保障

根据专项工作实际需要,结合集团工作和相关预算制度,将此项工作纳入集团年度工作专项资金计划,集团内中、高职院校根据自身情况安排配套资金。建立《项目专用资金管理办法》,实行专款专用,保证项目建设的需要。严格执行财务制度,依据有关开支范围和标准对项目支出设置明细账,分项核算,做到专款专用,专项报告。对项目建设专项资金的投向实行全过程财务监督,并对项目资金安全负责。按时编制项目执行情况报告和年终决算表,定期向集团提交项目建设专项资金执行情况报告。接受各级审计和监督部门对项目建设专项资金的审计与检查。组织专家组对专项工作计划及资金使用开展立项、中期和结题检查验收会,确保资金使用绩效。

五、特色与成果

(一) 主要成果

(1) 编撰了涵盖"生涯辅导能力""学生工作能力"及"就业指导能力"三大模块、12 项主题的生涯教育课程教案(共 48 000 余字),以及配套的教学工具包,主要包括:辅导学习单(30

余份)、简历模板(100 余份)、学习思维导图、PPT 资料(230 余页)、生涯测验资料(5 分)、视频学习资料(11 篇)。

(2) 组建了来自集团内中、高职学校的生涯教育教师团队,并基于上述课程内容对其开展了一次教师培训;同时根据课程内容开展了一次学生培训,对上述课程的匹配性和实操性进行了验证和针对性的修订。

(3) 征集了 10 位不同成才方向的优秀中、高职学生,深入进行生涯故事访谈,并编写成生涯故事案例教学内容,提供给集团职业学校教师开展生涯教育之用。

(4) 组建了涵盖职业教育、生涯教育和就业指导工作的专家工作组,指导完成了本年度调研及相关教育实践,后续将为集团开展相关工作提供智力支持。

(二) 主要特色

1. 基于职业教育学生生源特点,提出了前置生涯指导工作的设想

上海已基本建成职业教育的"立交桥",以中职学校为例,有中本贯通、中高职贯通、普通中职专业和成人中专,还有五年一贯制学校。不难发现,面向职业教学的学生画像是多元的,有文化成绩相对较好、对专业和未来目标明确的中本学生;也有在普高分数线左右的中高职学生;还有随迁子女;以及中考没达到普高分数线的中职学生。因此,面向职业教育的中学生生涯教育辅导必须有与之匹配的多元性。对于选择职业教育不同类型的学生,初中老师需要在更多理解职业教育的基础上,开展有针对性的多元辅导策略。集团认为,可以探索基于职业教育的生涯指导工作向初中(初三末)前置的可行性。

2. 基于生涯教育理念,关注到提升学生自我效能工作的重要性

在目前的升学评价体系中,进入职业教育的学生,大都是中考、高考成绩不佳的学生,在以往的学校教育中被视为"差生",自我认同度较低。职业学校的老师应该让学生感觉到,他们都有人生出彩的机会。基于此,职业学校要教育、引导学生正确认识职业教育,认识自我、发现自我、实现自我。在我们本年度对优秀职业教学学生的访谈过程中,我们欣喜地找到了一个共同点,我们认为这恰恰是职业教育培养学生的关键所在——基于生涯教育理念,通过一些"关键事件",逐步恢复学生的自信心,进而帮助学生提升自我效能,找到学习和发展的"内驱力"。这也进一步证明了开展生涯教育对于职业教育学生是非常有必要的。

3. 基于职业教育的特点,提出开展分类生涯教育的必要性

通过调研发展,中职入校后的专业选择影响深远,短则三年,长则六年甚至是影响到未来整个职业选择和发展。而中职学生基本上是 16 岁,大多数学生对于未来职业发展仍没有明确的认识,较多仍是听从家长的安排和意见。家长和学生几乎没有对未来职业发展规划进行过系统思考和准备,也有家长和学生认为真正面临就业问题至少也要到五六年后,专业不合适可以再换。中职学校也因为升学导向,开始忽视就业问题和职业发展,因此对职业教育学生的生涯指导、信息供给和支持严重不足。"生涯"的英语是 Career,它还有另一个解释:

职业。狭义的生涯教育和职业教育从某种程度上来说，本来就是一体的。在"职业成才，匠心筑梦"的过程中，生涯教育就是最好的助推器。集团认为：开展职业教育领域内的分类生涯指导，是当下必须要抓紧补上的"功课"。

六、体会与思考

（一）继续丰富职业教育（优秀）学生的生涯故事案例

2021 年，集团已完成了第一批共 10 位职业教育中不同成才路径下学生生涯故事访谈，并编写成生涯故事案例集。后续期望它能起到多重作用：一来为初中老师提供面向职业教育学生开展辅导工作的素材，在增强他们了解职业教育特点的同时，提升开展相关辅导工作的针对性。二来是期望学生、家长们可以通过这些真实的、身边的学生们的故事，发现自己多元成才的可能性，增强对职业教育的信心和重塑对自己的信心。这项案例收集工作应该是长期的、各个学校都要开展的基础性工作，应该在更大的层面和学校中加以推广。

（二）加强面向职业教育的生涯教育分类指导和资源支持

中职学校面向全市内招生，而且每个学校的专业特色各有不同，集团将探索根据"专业大类""具体专业""学制类型""就读地区"等不同维度的信息检索功能，帮助家长和学生更便捷地了解中职学校和专业，提升其作升学选择时的科学性、针对性。为了缓解对职业教育学生教育资源和支持供给严重不足的问题，本次项目已完成了以就业为导向的生涯教育课程教案设计并完成了 1 次教师培训和 1 次学生培训，后续集团将延续这项工作，为职业院校提供更多工作和资源上的支持。

（三）探索从初中至中职再到高职的一体化的生涯教育路径

职业教育有着其天然的"连贯性优势"，学生如果能尽早认知自我、认识专业和职业，在自己兴趣的基础上科学选择未来职业发展方向，那么就可以在专业领域内花更多时间"学深学实"，其就业竞争力则越强。因此如何帮助学生尽早进行科学选择，既是职业教育中一体化生涯辅导的关键所在，亦是集团在未来重要的研究和持续推进发展方向。集团期望通过 1—3 年的努力，组建一支中、高职学校教师共同参与的生涯教学团队，一来推动生涯与专业相融合，促进中高职教育的衔接和贯通；二来更好地开展学生专业选择和生涯辅导与咨询工作，以更好地提升学生学习的主观能动性。

以优化职教文化建设为支点 发挥职教集团的平台作用

上海闵行职业教育集团(联盟) 卓 琳

摘 要:近年来,闵行职教集团(联盟)积极发挥平台作用,以创建区域特色的职业教育文化为抓手,努力搭建学生展示才能的平台,为职教学生增强自信创造机会,促进区域职教质量提升,职业教育学校对区域居民的吸引力不断增强。闵行职教集团(联盟)连续多年组织成员学生开展创业实践竞赛,让学生的创新能力得到充分释放;每年上半年举办职教师生书画摄影手工艺术展,展示了学生的综合艺术素养能力,学生在观摩身边同学作品的同时,得到艺术熏陶;每年下半年举办的"匠心"职业体育运动会,融合职业教育元素的活动,使不同个性的学生都能从不同角度展示聪明才智,让每个学生都有展示才能、塑造自信心的机会。闵行职教集团(联盟)通过各种不同职教特色的文化活动,使职业学校培养技能人才的过程更加立体、更加丰富。

关键词:区域职教;创业实践;文化建设

一、实施背景

闵行区是上海重要的先进制造业基地,也是新兴的科技与航空航天研发新区,现代服务业发展的核心承载区。在区委和区政府领导下,闵行不断改善职业教育发展的土壤,优化学生成长的区域职教文化生态,提升职业教育质量,使职业教育成为区域综合实力的重要组成部分。

二、实施目标

在区域职业教育发展过程中,闵行职教集团(联盟)在区政府、区教育局等上级领导的指导下,从自身工作定位出发,在优化区域职教文化创新发展方面发挥独特的作用。职教集团以创建区域特色的职业教育文化为抓手,凝聚成员学校的共识,努力优化区域职业院校发展的生态环境。通过组织创业实践技能竞赛、书画摄影手工艺术展示、"匠心"职业体育运动会等融合职业教育元素的活动,搭建展示学生才艺的平台,塑造职教学生自信,使职业学校培养技能人才的过程更加立体、丰富。

三、实施过程及保障

(一)搭建学生创业实践竞赛平台,塑造区域职教创业文化

创业教育是联合国教科文组织提出的一个全新教育理论。21世纪教育应使学生具有文化知识、职业技能外,还必须掌握创业的基础知识和能力。创业教育对于市场经济社会来说,是产业经济发展过程中,一个不可或缺的推动力,对于与产业发展需求紧密结合的现代职业教育来说,创业教育是职业教育知识与能力的重要组成部分。然而,创业教育对于大部分职业学校来说,这是一个全新的内容,需要不断探索和开拓。闵行职业教育集团(联盟)敏锐地意识到,这是发挥职教集团作用,打造区域特色的职教创业文化的重要机会。

2016年起,在闵行区教育局指导下,闵行职教集团围绕营造校园创业文化、培育学生创新精神、提升学生创业水平开展了一系列工作,以此带动和推进区域内中职教创新改革,激发学生创新、创造活力,持续提升人才培养质量。在区域职教创业教育的推动,闵行职教集团结出了丰硕的创业成果,涌现出西南工程毕业生朱寒冰返校带领学弟学妹共创"寒茶阁夏"O2O创业基地,群益职校汽修专业毕业生滕青松创建上海市隆睿汽车销售服务有限公司,群益职校新疆内职班学生阿卜杜外力创办"环宇汽车维修厂",建工学校毕业生创办了上海极境空间艺术设计有限公司、"建隽"建筑咨询公司、上海馨泰实业有限公司,女同学小蔡虽然是建筑装潢专业毕业,她却自创美甲工作室,成为浦东地区网红等成功创业的典型案例。建工学校建筑经济管理专业毕业生参加"光华杯"全国创业精神大奖赛荣获上海地区唯一的一等奖,还荣获全球青年创业精神大奖。

总结闵行职教集团在构建区域职教创业文化方面历程,其主要做法有:

1. 从培养学生创新精神切入,传播创业理念,夯实创业意识

要提升职业教育学生创业教育的有效性,首先要从培养学生的创新精神入手,让学生跳出传统守旧的思想,善于接受新理念、新事物、新形式。明确创业是自身对社会贡献的一种重要形式,体现个人人生价值的一条重要道路,创业要不受传统评价模式束缚,即使自己的理论知识学习比不过他人,但也能在创业的道路上获得成功。以创业教育促进从心理上自强,跨越自卑的心理,树立强大的自信心。创业激发学生的创造思维,激励他们拼搏与奋斗。在此基础上,使学生把握一切创业的机会,发挥他们的特长,针对不同的问题从不同的角度去思考和解决,并且能够从信息中去捕捉商机、拓宽视野、增强能力,储备更加强大的创业实力,为将来的创新与创业做好充分的准备。

几年来,闵行职教集团通过组织创业夏令营,开展创业知识培训或讲座,举办创业知识

竞赛,使成员学校的创业教育有声有色,如火如荼。

在充分认识到培养学生创业精神重要意义的基础上,闵行职教集团邀请企业、行业专家来校开展创业就业专题讲座54次。在群益职校举办"上海市青年创业就业"系列大讲坛群益专场,开展创业就业讲座,深受学生欢迎。

为不断深化区域职教学生的创业教育,自2017年以来,闵行职教集团每年组织"创业夏令营",已有150余名学生参加了创业夏令营活动。每次夏令营,秘书处都要精心策划,周密安排。与各成员学校商定年度主题,选拔创新精神强,有积极创业取向的学生参加夏令营。通过创业精神塑造、思维拓展训练、创业知识学习、模拟创业比拼等丰富多彩的活动,使每一个学生的创业意识、创业能力得到跨越式的增强。

2016年以来,职教集团与企业合作在西南工程学校每年开展"校园商贸节"活动,帮助广大师生树立商业思维、找到创业路径、掌握创业技能,激发师生的创业热情,营造创业氛围,形成创客文化,促进学生有效就业。

2. 自编创业教材,让创业教育进课堂,创业知识课程化

学生在中职学校学习的时间虽然不长,能够给予学生创业教育的时间是非常有限的。要想让创新创业教育得到质的提升,就必须将其融入课堂教学中,使创业知识课程化,让学生得到创业理念的熏陶,培养创新头脑,提高创业水平。

创业教育不能悬空存在,需要专业知识和理论基础的支撑,更需要在大量的社会实践中实施。大量成功创业的实例已经证明,成功的创业是建立在不同领域的专业实践基础上的,专业知识是创业教育的重要基础,把创业教育和专业教学相互融合,是一个事半功倍的方式,让学生在潜移默化中进行创造和提升。闵行职教集团在实践中将创业教育纳入学生职业发展、专业发展教育教学培养计划,通过德育课程、职业生涯规划课程、专业课程统整,实现跨专业统筹创业,丰富学生创业知识,掌握创业者应具备的能力。通过开展创业模拟活动,举办创新创业设计比赛,创业导师指导学生结合所学专业撰写创业计划书,提升学生创业水平。职教集团通过全面开展创业教育,将创业教育课程化、长期化、固定化,三年中参加创业教育学生已达5690人次。

面对中职学校教材中创新与创业方面的内容较少,不够系统,缺乏实操性的状况,闵行职教集团在各成员学校开展不同形式的学生创业教育基础上,联合具有创业和企业运作管理实践经验的相关专业教师利用业余时间,在研究各成员学校校本课程的基础上,大家群策群力编辑撰写,公开出版发行《创新创业实务》系列教材,该教材成为闵行职教集团成员学校开展学生创业教育课程的必备教材。教材以创业复合知识来架构,能力为核心,采取基于任务的项目课程体例形式,使教学内容更加直观,易于理解。

教材对接创业实际,共分理论知识、实践知识和实战案例三大部分。体现了六个方面特色:一是教材结构对接创业任务。教材以一个创业者的视角,介绍了创业流程、岗位及基本工作过程,把工作过程项目化,把操作过程任务化。二是教材内容突出职业性。以创业者为基础依据,选择了相关的基础理论和专业技能,突出了理论为实践服务的理念,显示出职业

性的特征。三是课程项目目标衔接职业标准。教材由来自企业经营者、自主创业等参与编写,直接融入创业企业实景。四是教材案例多元化。教材借鉴了电商行业、装饰设计行业、小微企业等的创立、管理等,在创业教学内容中注入新的企业管理元素。五是跨专业统整。本教材把创业者应具备管理、财务、市场分析、营销策划、物流衔接等知识点进行复合统整,简单实用。六是教材把操作过程进行任务化,使案例练习实操性强。

3. 建学生创业孵化基地,搭学生创业实践平台

大多数中职学校为学生所创设的都是学习文化知识的环境,教学的关注点也是引导学生学习基础知识和岗位技能,对创业方面的引导甚少。闵行职教集团与成员学校不断推动创业教育进课堂、创业知识课程化后,大家意识到,学生的创业实践缺乏是中职学校创业教育中面临的一个共同问题,而创业实践是创业教育中不可缺少的重要环节,直接决定了创业教育的成败。

职教集团就积极联络区内企业,寻找合适的切入点,产教融合共建学生创业教育基地。推动了西南工程与施博公司共建学生图文创新创意基地;邀请西南工程学校有创业成就的学生回母校建立寒茶阁夏O2O创业基地;与美华系统公司共建学生网上创业实践教育基地。通过成立闵行职教集团——群益职校学生创业孵化基地,形成服装、汽修、园林三个学生创业实践基地,以服务为宗旨,发挥了中职校青年创业指导站功能。开展毕业生创业宣传、指导、教育,形成"西南商贸节""群益服装营销创业实践"等品牌活动,让学生实战营销、模拟企业运营的细节,为今后自主创业打下基础。上海建筑工程学校在学校开设学生创业工作室,通过聘请有资质的专家担任校外教师,在日常教学时指导学生创业。

闵行职教集团为创造区域中职学生创业实践机会,连续开展创业实践能力比拼为核心内容大赛,使之成为学生创业实践锻炼的重要平台。

2017年,职教集团在闵行区教育局指导下,主动争取闵行区人力资源和社会保障局、闵行区江川街道的帮助,江川街道提供华平路沿街约600平方米,20间商业用房供职教集团开展为期一个月的学生创业实践比赛用地。实践比赛首创了上海中职学生创业竞赛聚焦在实践能力,上海电视台、《解放日报》等上海主要媒体给予了报道和关注。

这次创业竞赛由创业计划编制策划、创业实践和路演推广三个板块构成。

创业计划编制:创业团队设计本团队创业项目,需求分析、经营模式设计、经营目标设定及依据分析、实施步骤规划、配套设备及融资、人事的需求,阶段性步骤等方面,形成书面的创业计划书;在创业实践的基础上完善修改并将实践依据融入计划书中。

鼓励商业模式创新、创新技术的商业转化以及传统产业内容与现代技术结合的创业模式。

创业实践:以主办方提供创业环境、基础数据、模拟资金等,由各参赛队根据自身实际能力,策划设计创业项目,形成初步的创业规划,开展实践运行,创业成果汇总展示等。

创业计划路演推广:向目标客户、投资方和评审专家介绍本团队创业项目(用PPT或视频),回答专家提问。

　　根据各参赛队实践运行的成果和创业计划书的创新性、可操作性等进行评价,形成综合成绩,评选名次。

　　在 2017 年成功举办学生创业实践竞赛的基础上,在闵行区教育局、闵行区人社局、上海援疆泽普分指挥部及新疆泽普县教育局联合指导下,闵行职业教育集团(联盟)牵头与泽普职业技术高中联合主办了"闵泽一家亲创业创未来"2019 闵行-泽普中职学生结对创业竞赛。

　　闵行-泽普中职学生创业竞赛从 5 月份开始征集报名,闵行职业教育集团 4 所成员学校:上海市群益职业技术学校、上海市西南工程学校、上海电子工业学校及上海市建筑工程学校共 29 名学生,新疆泽普职业技术学校共 16 名学生参加本次大赛。45 名学生组成了 8 支参赛队伍,每支队伍中都有 2 名泽普学生,以相互组队的形式让闵泽学生共同完成比赛。

　　本次比赛围绕电子商务营销创业展开。由开设电子商务网店、网店的营销策划(包括营销方案,网站美化,产品包装设计等)、网店营销实践(包括物流对接、客户服务等)、网店成果路演四个板块构成。

　　开设电子商务网店:创业团队自主研究比选电子商务第三方平台的指标(网店开设条件、网站人流量、性价比、配套服务等),选定第三方平台,确定本网店的名称,完成网店开设手续。组办单位根据情况,协助联系第三方平台,帮助各创业团队注册网店。

　　网店以泽普学生的家长履行开设手续,网店产权归学生家长。本次竞赛结束后,网店全部移交泽普学生的家长,泽普学生帮助家庭继续经营。

　　如学生家长已经有网店,组办单位将联系向学生家长租用网店(比赛期间),签订租用协议,比赛结束后,立即归还。

　　营销策划:创业团队设计本团队网站营销策略,客户分析、经营模式设计、网店推广策略、物流提供方的选择;调研网店服务对象,进行客户定位分析,根据客户定位,建立产品营销策略;设定网店营销目标,开展成本分析;对网店的供货、物流衔接等环节进行分析,售后服务方案等,建立衔接有序的内部流程;推广网店,包装设计网店,陈列产品的美化设计等。在上述分析基础上,形成本创业团队电子商务网店的营销策划计划书。

　　网店营销实践:根据创业团队前期营销策划方案,成本核定准确,进行实施推广,提升网店知名度、吸引力。网店产品营销实战,以营销业绩显著、物流衔接顺畅、售后服务优质、客户再购买率高为营销目标。

　　网店营销成果路演:对照营销策划方案和目标,总结本次电商创业实践成果,举行汇报展示活动。根据各参赛创业的业绩和特色,评选优秀。

　　竞赛成绩从团队营销的业绩(营业额)、营销成果(农产品数量)、营销方案、包装设计新意以及闵泽团队合作等五个层面评估,最终设立综合成绩奖和专项成绩奖。

　　这次竞赛,从网店正式上线至比赛结束,8 个学生团队 3 个月里共获得红枣订单 796 份,核桃订单 787 份,约 2 900 斤红枣,2 600 斤核桃,也为泽普同学家庭增加了家庭收入,一定程度改善了红枣、核桃销售价格低、积压货的难题。同学们收获了创业实践成就的自豪,激发了进一步学习创业知识的热情。

而竞赛结束后,运营成功的网店将无缝移交泽普同学的家庭,使泽普的同学能够帮助父母销售自家的优质农产品,为家庭的致富发展作出贡献,进而带动乡村邻里共同致富。

这次竞赛,闵行职教集团把成员学校学生创业技能实践与泽普学生的创业教育结合起来,通过共同组队同伴学习,开展电子商务营销实战比赛,在赛中学、赛中帮,在提升中职学生的创新创业意识和协作创业实践能力的同时,帮助提高边疆学生自主创业水平,促进学生掌握电子商务技术,帮助学生家庭开展网上销售,有利于帮助当地贫困家庭建立脱贫渠道,把自己家庭种植生产的农副产品卖出去,使闵行职业教育集团搭建创业竞赛平台,体现出更大的现实意义。

闵行职教集团通过搭平台、建体系,帮助学生获得创业机会,练好创业的本领,以更加积极的心态、更开阔的视野走在创业路上,助力区域中职校以创业教育活动为契机提升办学品质,从学生综合能力的增强角度,不断优化闵行职业教育发展的大环境。

(二)以素质教育为载体增强学生自信展示平台

全面提升学生的素质修养是职业教育不可缺少的主题。近年来,闵行职教集团不断研究集团在学生素质教育中应该发挥的作用,寻找符合成员学校需求的,弥补学校工作缺口的切入点。职教集团把增强学生自信心作为集团为素质教育贡献的重要突破口。在应试教育没得到彻底改变的背景下,许多学生曾经遭受了挫折,自信心受到一些打击,对他人、对社会,包括对自己的信任,受到伤害。而职业教育是一个独立门类的教育,职业学校与普通高中基本没有交集;区内的中职学校由于地理分布较远,学生之间也没有交往,每个中职学校就成了一个个"文化孤岛",学生的天地也基本就在校园内。

在成员学校相关领导、老师的建议下,职教集团以"让每个孩子都有出彩的机会"为宗旨,从学生艺术修养才能环节着手,每年举办"闵行职教集团师生书画摄影手工艺术展示",之后根据职教学生特点,策划"匠心"职业体育运动会等融合职业教育元素的活动,通过搭建展示学生才艺的平台,塑造职教学生自信,使职业学校培养技能人才的过程更加立体、更加丰富。

"闵行职教师生书画摄影手工艺术展"是闵行职教集团为构建区域内职业学校协同融合的学生综合素质教育环境,营造学生成长的良好生态而进行的一次有益尝试。自2017年开始,每年上半年举办一次,内容不断出新。

参展作品创作人必须是闵行职教集团(联盟)各成员学校教师、学生。

作品的主题以反映学校学习、生活,企业实践等方面健康向上的精神面貌;反映师生企业实践、社会采风等方面积极向上的主题;

参展作品分为展示性和竞赛性作品。展示性作品主要展示各学校中各级书法家、美术家、摄影家协会会员的老师和学生,他们具有较高的艺术造诣。展示他们的作品,让学生在观摩的过程中,实现自我学习、自我完善的目的。

竞赛性作品主要是各学校的学生为主体。书法类、手工艺术类采取提交作品和现场创作相结合的方式展开。这样的形式,让学生现场展示了自己的艺术才华。

从去年开始,在活动中增加了展示各学校的经典艺术成果,如西南工程学校的"威风锣鼓"、建筑工程学校的"双狮舞龙"、群益职校的"时装展演"等。

根据职教集团的特点,为使学生文化艺术修养的氛围得到不断的弘扬,每年的艺术展在各成员学校间巡回展示。

通过搭建一个平台,让闵行每一个具有艺术才能的中职孩子有出彩的机会。在此基础上,闵行职教集团又搭建了一个让具有创新艺术、技能和动手能力强的孩子展示能力的舞台。职教集团每年下半年举办融合职业技能元素的"'匠心'职业体育运动会"。活动别开生面,把体育运动和职业技能完美地结合在一起。

"拧螺栓"是一项职业和生活中的基础能力。而这个看似平常的能力,在一块钢板数十个尺寸规格不一样的螺栓孔,要求每个团队男女四个队员接力以最快的速度拧上,而且要达到规定扭矩,看似简单的工作并不简单,这激发了学生争强的心理。

"吸管桥承重"对于有工程专业的学生看似占了便宜,实际却不见得。比赛要求选手团队共同协作在规定时间内使用塑料吸管等统一发放的材料制作一座架在桥墩上的吸管桥,吸管桥要能有尽可能大的载重量。而每次获得第一名的往往不是工程专业的同学。

"锯板拼图"在技能比赛的内容中嵌入了几何知识。3名男女队员根据现场提供的木板形状,按照指定要求完成拼图,用时最短的队伍胜出。

"创新叠纸"将提供给选手团队一张80克的A3纸、透明胶、订书针,10分钟内折叠到稳定摆放的高度,按高度取胜。

还有"滚轮胎接力""抹泥刀传球""纸绳拖重"等各种体现职业元素的运动项目,让学生们施尽才华,绞尽脑汁,乐在其中。

闵行职教集团学生书画摄影手工艺术展、"匠心"体育运动会,受到成员学校师生的广泛欢迎。在市教委的指导下,2018年起,闵行职教集团联合奉贤职教集团、建筑职教集团等共同组织,使参与的学生更多,更加具有影响力。

搭建区域职业教育师生健康的文化才能展示平台,闵行职教集团为凝聚成员学校找到了一个有力的支点。

四、特色与成果

闵行职教集团能在创建区域职业教育特色文化方面之所以取得不少成绩,是因为建立在职教集团具有活力的运行机制基础上。

闵行区域内有10所中高职院校,其中2所中职校为区属,其余学校都分属不同的主管机构或行业企业,这些学校都是闵行职业教育发展不可或缺的重要力量。2008年,闵行区委、区政府为不断提高区域职业教育满足产业发展的要求、满足区域居民接受多种类型教育的需求,聚合区内所有职业教育学校或机构等资源为区域经济发展服务,决定组建区域主导型的"闵行职业教育集团(联盟)",构筑政府纵向领导、职教集团横向服务的矩阵型架构,发挥闵行职教集团的服务能力。

经过多年实践探索,闵行职教集团建立起"政府主导、立足市场、讲求效率、服务主动、运作规范、富有活力"的运行机制,初步形成一个具有特色的区域主导型职业教育集团的基本制度、机制框架,有效的职教集团运行机制,有力地促进了职教集团改善区域职教生态环境,优化职教文化建设。主要体现在:

一是优化职教文化生态的资源优化集聚机制。闵行职业教育集团是一个集聚区域职业教育资源的平台,集团坚持服务为宗旨,以研究区域产业发展需求为基础,组织合作资源,形成资源优势,逐步完善资源集聚机制。

闵行区教育局通过制定相应的管理制度和办法,通过集团理事会和秘书处,组织成员单位开展活动,汇聚办学和科研机构资源、企业和行业资源、政府和社会组织的行政服务资源,形成区域职业教育资源要素在集团平台上的聚合,实现资源共享,合作共赢。根据产业经济发展、职业学校建设的不同需求,在不同阶段有侧重地优化资源。近年来,职教集团建立区域职教文化合作方面开展资源积聚、共享等一系列工作。

二是为推动校企合作与校校合作交流互动,建立优质服务机制。集团建立以项目为载体的校企合作、校校合作的工作流程和制度安排,从服务、管理、引导、激励等方面,形成配套的机制。

闵行职教集团以围绕职教集团阶段中心工作,在充分征求成员单位需求的基础上,寻求最大共识,策划各类活动项目为载体的合作机制。通过项目为载体,成员单位根据各自的需要,在集团平台达成共识的基础上,互相促进、互相帮助,共同推动项目落实。

集团秘书处以各成员单位的项目约定为依据,统筹组织、执行实施,使项目执行既充分体现成员单位的需求,又提高执行效率。在项目的实施过程中,增强职教集团秘书处的优质服务能力。

三是打造以创业和综合素质教育为特色的集团文化品牌机制。近年来,闵行职教集团理事会围绕服务提升成员学校的综合实力、发展优势和特色发展,以扩大区域职业教育的知名度和影响力,提升职教集团的品牌。

每年一次的集团理事会会议,就集团发展的重大事项,进行研究、沟通;依据区域政府及教育行政部门的要求和教育发展规划,确定集团发展目标和工作重点。自 2015 年以来,集团理事会始终把创业教育等符合职业教育特点的职教文化建设列为闵行职教集团的重要工作。通过数年的坚持,逐步改善和优化区域的职业教育发展生态,使职业教育成为区域经济发展中的重要组成部分,发挥了职业教育的独特作用。

四是围绕中心为抓手,不断完善集团运行机制。闵行职教集团不断总结工作,分析形势,在日常工作中不断完善职教集团的运作机制,建立以教育局主要领导兼任常务副理事长,教育局分管副局长兼任秘书长的领导框架。在秘书长牵头下,秘书处负责日常运行工作的集团领导与管理架构,形成集团运行的工作要求、流程和管理规范。

　　闵行职教集团，最初主要由闵行区教育局直接开展具体运作。经过一段时间的运行，教育局逐步将部分适合转移给非政府组织实施的职能，委托集团理事会秘书处落实。在形成相应配套机制的条件下，闵行区教育局又委托集团理事会秘书处，实行集团事务和集团服务的企业化运行和运作，形成集团敏锐的市场反应和高效的运行能力，不断提高集团的服务水平。现在，集团已建立并完善理事会领导、秘书处负责、委托第三方服务，改善区域职教发展生态环境，建立区域职业教育改革发展的运行机制。

　　在完善的机制作用下，闵行职教集团在区域职教文化建设中取得的许多积极成果，在创业和职教综合素质教育等文化建设中不少成功项目和亮点都与集团机制有直接的联系。

学生素养工程

——区域职业教育集团办学的破局之道

上海徐汇职业教育集团　林　琛　陆　斌

摘　要:育人为本,德育为先。徐汇职教集团努力突破区域职教集团的工作瓶颈,聚焦人才培养这个共性特点,积极寻找破局之道,于2012年创设了培养和提升全体中职学生思想道德素质及综合素质的"学生素养工程"。创办八年来,经久不衰,历久弥新,形成了工作品牌。

关键词:素养工程;校园文化;技能展示;体育竞赛;创业设计

一、实施背景

区域职教集团的属性和特点决定了其专业聚合度不强的"先天不足"。徐汇区域有近十所中等职业学校,绝大多数都是行业中职学校,且大多是各自行业领域的"龙头老大"。各校专业总数破百,相同或相近专业却不多,各自"独有"或专属的则甚多,相互竞争性不强,至多是错位竞争关系。在如此纷繁复杂的专业中找到"最大公约数"无疑是十分困难的。基于这种情况,徐汇职教集团通过深入调研,决心另辟蹊径,在专业分散不集中的基本面上,在人才培养这个办学根本问题的共性特点上积极寻找破局之道。育人为本,德育为先,聚焦培养和提升全体中职学生思想道德素质及综合素质的"学生素养工程"于2012年实施。

二、实施目标

技能成就梦想,素养决定人生。现代职业教育不是单纯的专业技术教育,不是简单地培养一技之长,更重要的是要培养学生的思想品德、人文素养和综合素质。因此,徐汇区中等职业学校"学生素养工程"自创立之始就明确了"以德育为核心、课堂为主导、学生为主体、活动为载体"的工作原则和"展示、融合、分享、交流、启迪、促进"的工作理念,精心设计、精心搭建具有徐汇特色的区域展示交流平台,集中展示区域内各中等职业学校以立德树人为根本,以培养符合上海建设社会主义现代化国际大都市和卓越全球城市需要的高素质知识型、发展型技术技能人才为目标的现代职业教育办学的阶段性最新成果与人才培养成效。

同时,通过搭建区级层面的舞台,打造区域融通的平台,为各学校德育工作与校园文化建设的理念、载体与形式提供可借鉴、可复制的范式与经验,继而推动各校的办学质量和工作品位。

三、实施过程

找到了问题的突破口,不代表就一定能实现突破。为使"学生素养工程"真正落地,增强工作的针对性和实效性,根据德育工作"贴近实际、贴近生活、贴近学生"的原则,徐汇职教集团抓住了学生文艺活动与展演、技能竞赛与展示、体育竞赛与交流等校园关注度最高的三大热点作为工作抓手,确立了校园文化艺术节、技能节和体育节三大年度主题活动,形成三年一轮周期的集校园文化活动、专业技能比武和校际体育竞赛三大板块为结构的各校联动、校企合作、师生互动、社会关注的区域中等职业教育学生综合活动平台与品牌。

从2012年开始,第一轮活动先后三年陆续展开:

"2012年徐汇区中等职业学校学生素养工程巡礼之'璀璨星光耀徐汇'2012年徐汇区中职学校校园文化节专场汇演",聚焦中职校德育主题活动与校园文化活动展示;

"技能成就梦想"2013年徐汇区中等职业教育技能节,侧重中职校优秀人才专业技能展示与学校办学特色推广;

"青春·梦想"2014年徐汇区中等职业教育校园体育节,呈现中职校体育教学和课外体育活动的工作经验与创新做法展示。

在认真总结第一轮三年活动的成功与不足之后,开始了第二轮、第三轮的再爬坡:

第二轮"寻梦十三五"2015年徐汇区中等职业学校校园文化节,推进各校学生社团建设,培育和涌现一批具有示范、引领和辐射作用的校园文化特色品牌项目;

"筑梦西岸"2016年徐汇区中等职业教育技能节,引导区域内各中职校重视结合专业技能的创新创业教育;

"汇学·汇动"2017年徐汇区中等职业教育校园体育节,展示、交流与分享各校基于校园文化建设深厚底蕴的体育教学和课外体育活动的工作经验与创新做法,引导学生参加阳光体育活动;

第三轮"逐梦新时代　匠心徐汇源"2018年徐汇区中等职业学校校园文化节,结合区情和职教特色,为广大中职生搭建优秀传统文化的展示交流平台;

"西岸畅想"2019年徐汇区中等职业教育技能节,聚焦徐汇人工智能与文化创意经济发展新热点,引导和鼓励区域各中职学校学生扎实学好专业知识与技能,不断更新就业观念,鼓励创新实践,发挥青年创新创意,大力培养创业意识和创新精神,拓展技能型人才更大的发展空间,更好地服务区域经济和社会发展。

四、实施保障

"学生素养工程"是个系统工程,需要一系列制度性措施来保驾护航,为此,徐汇职教集团从创办伊始就建立保障机制来全面推行这项新政。主要有:

(1)经费保障。每年职教集团经费预算都将"学生素养工程"年度活动列入,基本上在20—30万元区间开支。

(2)经办人员固定。每年活动,都由职教集团管理中心主任亲自担纲,全体工作人员齐心协力,分工协作,各司其职。

(3)推进部门年度工作计划。作为重点工作,"学生素养工程"年度活动年年被列入职教集团管理中心年度工作计划。

(4)领导重视。教育局、职教集团领导十分重视这项工作,每年活动开展前,都要在局长办公会上专门听取管理中心负责人的专题工作汇报并作具体指示。

(5)学校重视。各区域中职校切实履行"徐汇区'学生素养工程'定点实施学校"职责,指派学校相关部门负责对接,承接职教集团下达的工作任务,协助办好每年的活动。并且,几乎所有学校都对标区级活动,完善和新建了本校相应的活动,在机制上呼应了区域大联动。

这些措施确保了"学生素养工程"经久不衰,历久弥新。

五、特色与成果

自活动创办以来的八年间,"学生素养工程"已累计举办了三届艺术节、三届技能节和两届体育节,形成了长效机制和工作惯例。"学生素养工程"的表达理念与呈现方式深入人心,为各区域中职学校所认可和接受,甚至借鉴。区域各中等职业学校积极落实"'学生素养工程'定点实施学校"这一职责和使命,业已形成"学生素养工程"的对接机制,不断改进和整合本校的校园活动,对标区级,夯实基础,提升质量,各校校园文化活动呈现出"百花争艳、精美绽放"的可喜景象。

可以说,担负破局之道的"学生素养工程"是基于徐汇区域各中等职业学校扎实的德育工作基础,浓郁的校园文化氛围,是基于徐汇职业教育优质资源和品牌,基于徐汇教育大区、文化大区、职业教育大区的丰厚底蕴和浓郁氛围,是深入学习贯彻党的教育方针,进一步培养和提升全体中职学生思想道德素质及其他综合素质,推进职业教育深化改革发展的创新之举、扛鼎之作。它具有以下几大特点:

一是立足核心价值,注重素质培养。徐汇职教集团坚持立德树人根本任务,着力加强核心价值观教育培养,唱响主旋律,弘扬爱国情,促进学生素质养成和全面发展。追逐中国梦、践行中国梦、实现中国梦是当代青少年最崇高的理想和伟大的责任,也是实践爱国主义最鲜明的特征。"技能成就梦想"2013年技能节、"青春·梦想"2014年体育节、"寻梦十三五"

2015年校园文化节、"筑梦西岸"2016年技能节和"逐梦新时代　匠心徐汇源"2018年校园文化节,等等,反映出主办者和参与者"追梦人"的使命担当。

二是注重活动质量,发挥引领作用。徐汇职教集团把每一次活动都当成对学生进行德育教育的优质课堂,因而十分关注学生感受,非常重视活动质量与节目精美。比如文艺演出时坚持节目本土化,拒绝"雇佣兵",对各校选送节目进行质量把关和个别辅导;演出舞台制作精良,效果震撼;技能节职业体验项目设备要求精细,注重观赏性与观众体验度;创新创业设计赛前举办创业训练营进行集体辅导,提高参赛作品的科技含量,等等。每次活动主题都是反复遴选,以期切合当前时事、工作任务、学校实际和学生需要。

正是由于主办者的"较真",使得每一次活动质量都具上乘,对各校相应活动开展也起到很好的示范引领作用,区域各中职学校校园文化节、校园体育节和校园技能节(或竞赛)等节庆、竞赛活动都具有相当高的"收视率"。

三是整合社会资源,深化产教融合。徐汇区发挥区职教集团的集聚整合功能,充分利用成员单位及区相关部门乃至全市相关资源来为活动的运作与筹办"输血"和"加油",诸如东方网教育频道、市篮球协会、华东师大体健学院、上海戏剧学院、市公安局治安总队,等等,名人、名家、名企的助阵,进一步提升了活动质量与水准,对广大师生来讲也更具吸引力。在2016年技能节之创新创业设计大赛筹办时,积极联络本区企业集团,围绕西岸文创产业来策划比赛创意主题,并取得了企业的冠名权和相应合作资源,为办赛成功和校企合作都创造了有利条件。

徐汇职教集团积极探索和研究新时代中职学校德育工作的规律和特点,坚持以学生发展为本,以机制建设夯实德育基础,以开阔视野整合德育资源,以开放思维改进德育方法,以创新理念拓展德育途径,强调德育的针对性、有效性和科学性,以鲜活生动的教育载体,以形式多样的方法途径,努力使德育贴近时代、贴近生活、贴近学生,学校、家庭、社会共同参与,课堂教学、校园文化、社会实践、企业实习等整体架构,开创全员育人、全程育人、全方位育人的德育工作新局面。

"学生素养工程"经过三轮八年的工作实践,取得令人瞩目的成绩,成为徐汇职教集团的一个工作品牌。

一是创新了活动载体。将抽象的学生综合素养进行整体规划和设计为直观的活动项目内容,通过文艺、体育和专业技能等为学生喜闻乐见的活动展示来体现教育与自我教育的功效,增强德育工作的有效性与实效性。

二是培育了活动品牌。经过八年工作的实践与探索,作为区域中等职业学校三大年度"大戏"的统一"商标品牌","学生素养工程"从寂寂无闻到如今的声名远扬,吸引了包括大连金州职教同行、合肥市委职教考察团、广州白云区人大职教考察团等众多人士的关注。

三是建立了长效机制。活动创办之初,集团就制定了"徐汇区推进'中等职业学校学生素养工程'定点实施学校"这一项目责任制,通过学校来推进工作,通过年度活动来进行验收与考核,有效推动了这项工作的持续开展。"学生素养工程"经历了连续七年的运作,年年推陈出新,历久弥新,充分证明了其强大的生命力。

六、体会与思考

"学生素养工程"至今已实施八年了,虽然广受区域学校师生们的热捧,也积累了一定的社会知名度,但随之而来的却是工作难度也在上升中。"众口难调""推陈出新""提高站位"都是摆在主办者面前的难题,也是不断提高的原动力。在5G、大数据、物联网、人工智能、区块链、非遗传承等时尚元素面前,"徐汇区中职学校学生素养工程"如何进一步体现时代感,增添既视感,增强针对性,扩大实效性,将是摆在我们眼前的一具必须跨越的高耸的横杆。可以说,区域职业教育集团破局之道始终在路上。

构建职业体验学习平台　助推区域普职融通

上海黄浦职业教育集团　张鹤萍

摘　要: 为引导中小学生了解职业教育、体验职业乐趣、展望职业前景、树立职业理想,丰富中小学生职业体验,促进职业教育与基础教育相互沟通,推进普职融通,构建终身学习体系,黄浦职业教育集团集聚资源优势,通过采取系列举措打造了职业体验多元学习与互动平台,不仅推动了区域普职双向良性互动,为中小学生提供了优质的职业体验与多元学习平台,提升了职业学校服务社会的功能,提高了职业学校的品牌效应,极大地推动了集团内职业学校的专业内涵建设和办学思路转变,真正实现了普职双赢。

关键词: 职业体验;普职融通;职业教育

一、实施背景

《国家中长期教育改革和发展规划纲要(2010—2020年)》要求"职业教育和普通教育相互沟通""职业教育要面向人人、面向社会""树立多样化人才观念"。同时,《上海市职业教育改革和发展"十三五"规划》也提出,要加强普职渗透,推进"职业体验日"制度化,面向本市中小学全面开放职业院校实训场所、课程、师资等教育教学资源,丰富中小学生职业体验的内容和形式。

为落实国家及上海文件精神,促进职业教育与其他教育相互沟通、协调发展,构建终身学习体系;充分发挥集团化教育优势,主动承担国家使命,对标教育部《关于开展示范性职业教育集团(联盟)建设的通知》等文件精神,黄浦职业教育集团利用集团内学校和企业的资源优势,结合集团内职业学校办学特色,积极组织建设职业体验多元学习平台,开展职业体验活动,打造精品职业体验课程,使之成为加强职业启蒙教育、促进普职沟通、增强职业教育影响力的重要品牌。

二、实施目标

(一) 总体目标

为深入贯彻《国家中长期教育改革和发展规划纲要(2010—2020 年)》和《上海市职业教育改革和发展"十三五"规划》文件精神,对标教育部《关于开展示范性职业教育集团(联盟)建设的通知》要求,黄浦职业教育集团将集聚资源优势,重点打造职业体验多元学习平台,加强职业启蒙教育、促进普职沟通、增强职业教育影响力。这一平台不仅要促进职业教育与基础教育的相互沟通、协调发展,还应成为终身学习教育系统的重要基石,推动构建终身学习、开放式多元学习与互动平台;成为定制化、个性化、弹性化、多元化和信息化的探究性开放"学习中心"。建成集职业体验、劳动教育、非遗传习和创新创业"四位一体"综合性职业体验学习平台。

(二) 具体目标

(1)创建"黄浦区中小学生职业体验学习中心"。通过集团运作,加强沟通交流,凝聚多方共识,集聚集团资源优势,创建上海首个区域中小学生职业体验学习中心,开展学生职业体验系列活动,形成系列学生职业体验品牌。

(2)建设职业体验课程体系。引领集团内职业学校精心开发与设计职业体验课程,构建一套基于集团内职业学校专业背景、符合中小学生心智特点的职业体验类课程体系,使职业体验活动课程化和常态化。

(3)开发职业体验课程配套教材。基于开展中小学生职业体验课程的实际需要,编制配套特色教材,服务职业体验活动课程化和常态化实施。

三、实施过程

(一) 活动先行,试点带面

黄浦职业教育集团以商贸旅游学校第一届"FAIR 营销节暨中小学生职业体验活动"成功举办为契机,以该校的职业体验日活动为试点先行先试,积累经验。随后集团积极联系,加强内部交流沟通,组织集团成员另外两所职业学校——中华职业学校、商业会计学校共同参与,错峰拟定职业体验日活动时间和项目安排,根据各校的专业特色和实训条件为区内中小学生开展同一主题不同项目的职业体验日活动。前来参加活动的中小学生及其家长络绎不绝,甚至排起长龙般的队伍,活动组织成功,以及百分百的好评率让学校老师和学生们信心倍增,体验到职业教育原来可以那么有吸引力。由此,集团内职业体验日活动以点带面全面铺开。

(二) 创建中心,规范化实施

随着职业体验日活动的开展,我们愈来愈认识到,中小学生职业体验是现代职教体系建设、职业教育横向联系的重要一环,是构建现代职教体系、促进职业教育与普通教育相互贯通、横向联系的重要一环,是职业教育观念上的革命,也是一场新的更为深刻的职业教育改革。

基于此,黄浦职业教育集团在 2018 年成立上海首个区域的中小学生职业体验学习中心——"黄浦区中小学生职业体验学习中心",开展中小学生职业体验活动和劳动技术教育,该中心现已成为集职业体验、劳动教育、非遗传习和创新创业"四位一体"的综合性职业体验学习平台。

(三) 打造课程,常态化运行

集团内三所职业学校借助"职业体验学习中心"积极推广职业体验课程,与黄浦区内多所中小学校进行了个性化、订单式合作,开展常态化职业体验课程教学,如商贸旅游学校为曹光彪小学开设的"品味上海之吃、穿、住、游",北京东路小学的"毕业纪念册设计",格致初级中学的"3D 打印""小工程师""陶艺制作""中西点制作",等等。合作校每周固定时间,职业体验中心便会迎来各校中小学生,成为他们的职业体验启蒙营、探索营、学习营。

集团提供智力和资源支持,组织成员职业学校以各自核心专业、特色专业建设为基础,以商贸旅游学校的 STEAM、人工智能,商业会计学校的"玩转 OM""小小爱迪生"等现代科学、创新教育为重点,以中华职业学校的"卓越高尔夫"、商业会计学校的"网络红主播"等时尚项目,以及中华职业学校的"春风啜茗时"、商业会计学校的"瓷刻"、商贸旅游学校的"面塑"等非遗技艺传统文化项目为特色,围绕中小学生核心素养与关键能力、创新创意未来竞争力,构建包含 STEAM 科学、非遗文化、职业体验、创新创业四大类共 44 门课程的职业体验综合课程体系,并在不断开发生成中。同时开发集课程报名、在线学习、互动交流的一体化 APP,为职业体验学习建设信息化高速通道。

由此,黄浦的中小学生职业体验活动已经形成常态化、课程化,构建了一套基于学校专业背景、符合中小学生心智特点的职业体验类课程体系,成为具有良好社会效应的品牌活动。

(四) 开发教材,系统化实施

集团进行顶层设计,指导集团内成员学校基于开展中小学生职业体验课程的实际需要,由率先开展课程的各学科骨干教师根据教学需要而定制编写配套职业体验校本教材。教材编写围绕中小学生职业体验课程实际,充分考虑中小学生心智特点与教学实际,对学生进行初期职业启蒙,帮助中小学生简单了解职业内容,体验职业技能,激发其职业兴趣,初步感知职业(专业)文化;教材设计紧密贴合职业教育的新业态、新技术,培养学生劳动光荣意识及工匠精神。

首批开发编写第一辑教材,包含十个主题单本:"我是企业家"系列之《小小企业家》、"我是茶艺师"系列之《茗香》、"我是摄影师"系列之《我是小"摄"友——摄影手册》、"我是科学家"系列之《玩转机器人》、"我是工程师"系列之《3D打印梦想家》、"我是顾绣传人"系列之《露香园顾绣》、"我是陶艺师"系列之《有"泥"更精彩》、"我是音乐制作人"系列之《魔力音符》、

"我是设计师"系列之《海报设计》、"我是咖啡师"系列之《精品咖啡制作》。教材打破学科知识逻辑编排体例,以职业门类为纲,以增强职业技能为目,以模块活动为体验单元,模块之间兼具知识逻辑递进性和自由组合的灵活性。用线圈装订的方式,可零可整,可灵活运用于职业体验定制课及中小学生综合素质拓展课。

四、实施保障

(一)制度保障

为保障集团高效、有序推进职业体验多元学习与互动平台建设和运行,进一步完善集团工作联席会议制度;推进教育与社会紧密协作,加强服务区域功能,完善区域中小学生职业体验需求的调研机制。

(二)经费保障

集团在市区财政项目预算中单列"中小学生职业体验项目",保障有专项资金投入,专款专用,集中核算,加强对专项资金的使用与管理。建立专项经费绩效评价制度、审计监督制度、预决算公开制度。

(三)资源保障

职业体验的多数项目都与行业企业紧密结合,需要集团内企业提供职业体验项目所需的前沿企业信息和材料,特别是职业体验课程和教材开发所需的第一手资料以及专家指导;同时,职业体验中的非遗项目都需要"非遗传承人"或"行业大师"资源的支撑。集团充分发挥自身资源优势,集聚内部企业和专家资源,为职业体验项目提供智力支撑和企业资源与人力资源的保障。

(四)监督保障

加强对职业体验多元学习与互动平台实施情况的跟踪指导检查,及时研究"平台"运行过程中的新情况、新问题。积极支持第三方机构开展评估,鼓励社会各界对"平台"运行情况进行监督。建立"平台"运行绩效报告制度,推动黄浦职业教育集团规范化、系统化发展。

五、特色与成果

黄浦职业体验多元学习与互动平台的建设,促进了职业教育与基础教育的相互沟通、协调发展,成为集职业体验、技能培训、非遗传习和创新创业"四位一体"的综合性职业体验学习平台,成为定制化、个性化、弹性化、多元化的开放"学习中心",促进了中小学生劳动技术教育的发展。在职业体验活动中,充分挖掘优秀职业院校毕业生、劳动模范、大国工匠等资源,组织"大国工匠进校园""劳模进校园""优秀职校生校园分享"等系列活动,营造全社会关心支持发展现代职业教育的良好氛围。

（一）搭建普职交流平台

集团通过职业体验多元学习与互动平台在黄浦城区内积极推广职业体验日活动和灵活多样的职业体验课程，与多所中小学校进行了个性化、订单式合作，开展常态化职业体验课程教学；依托职业体验中心，每周固定时间开展各校中小学生职业体验课程，成为区内中小学生的职业体验启蒙营、探索营、学习营。同时，职业体验也是重要的教学实践活动，各专业教师、学生各展所长，重视体验与互动，创新活动形式，凸显职业特色。职业体验活动还成为学生成长的重要途径之一。职业学校学生通过参与职业体验志愿服务工作，获得专业技能、服务意识的双重锻炼，成为学生综合素质的集训营。

（二）构建阶梯型系统化职业体验课程体系

组织开发了一批注重兴趣引导和认知发展规律的课程，小学阶段以"职业启蒙"为主导，初中阶段注重"技能体验"，高中阶段倡导"专业探究"的多次体验、渐次深入的复合型课程体系。职业体验课程设计系统融合知识、技能和专业等重要元素，创设职业/生活情境，变知识技能导向为任务、问题导向，强调活动的体验度、实践性，激发学生兴趣，鼓励课外延展。通过循序渐进的体验教学设计，进行职业技能的体验式学习，激发中小学生对职业的兴趣，进行职业启蒙教育、工匠精神培育、科技与艺术素养养育，非物质文化遗产传习。同时，也推动了集团成员学校专业课程共建、教学资源共享，实现职业教育优质资源共建共享。

（三）首创职业体验特色教材

第一辑教材包含十种职业的十项职业技能，重点关注了任务的组织与实践，成为中小学生职业技能和综合实践体验的指导性、操作性的学习资源。作为上海市中等职业学校系统首创的中小学生职业体验类教材用书，为规范中小学生职业体验活动，建立健全中小学职业体验、职业拓展全周期机制，充实、完善具有上海特色、示范效应的职业体验课程，具有创新意义。

（四）推动专业内涵建设

职业体验活动与集团内成员学校的示范品牌专业建设相结合，充分挖掘专业内涵、文化内涵，全面带动学校其他各专业的动态呈现，把开放体验活动当作全面展示学校各专业内涵建设、课程建设、课堂教学改革成果、展示学校育人理念、育人目标、育人方法的窗口，通过差异化传播及系列职业体验活动，传递学校独特的教育发展观、办学方式、课程特色，实现核心价值演绎，逐步实现认知、认同。

（五）助力非遗文化传承

职业体验活动中的非遗项目集中展示了包括顾绣、瓷刻、茶艺、插花、面塑、蓝染、青花瓷、剪纸、木版水印等非遗项目；同时，开设非遗精品课程，提供大众了解和学习非遗技艺的机会，将民族特色文化、工艺纳入现代职业教育体系，积极推动非物质文化遗产保护和传承。

（六）服务黄浦学习型城区建设

每年职业课程参与人数已达上万人次。通过课程报名、在线学习、互动交流的一体化APP，为职业体验学习建设信息化高速通道。个性化、定制化的课程既有丰富的项目供学员自主选择，也有弹性的长短课程适应不同时间安排，提供了从单次体验到长学习，从技艺模仿到创意创新，从单项学习到组合学习、融合学习的"学习场"，是服务学习型城区建设，建设终身学习体系的有效探索。

六、体会与思考

职业体验工作体现了"跨界·开放·融合"的办学理念，是集团围绕供给侧结构性改革和经济社会变化需求，实施差异化竞争策略，推动跨界合作的重要途径。职业体验多元学习与互动平台成为职业学校的"南风窗"，成为最先感知"春江水暖"的那位"先知鸭"。在专业建设、师资培养、课程开发、职业培训等方面以最敏锐的市场嗅觉拥抱职业教育新技能、新业态、新工艺、新方法。

未来，集团将进一步打通中小学生职业体验活动、体验课程与亲子体验课程、社会培训的界限，积极拓展适合不同人群的培训课程，跨出开放办学、普职融通、校企合作之步，形成学历教育、成人教育、中小学生职业体验活动、社会培训一体化的办学之路。

打造高水平双师队伍　高质量实施师资建设

上海浦东职业教育集团　陈　强　傅　红　范文慧　陈扬兴

摘　要：2020 年是浦东开发开放 30 周年，而浦东的发展离不开人力资本的投入与教育质量的提高。职业教育作为高素质技术技能型人才培养的摇篮，在浦东建设与发展中扮演着重要角色。"双师型"教师是职教师资建设的特殊要求，是提高人才培养质量的重要抓手。近些年，国家越来越重视职教"双师型"师资队伍建设，教师培养培训体系基本建成，教师地位待遇稳步提高，教师素质水平显著提升，为职业教育改革发展提供了有力的人才保障和智力支撑。但是也应该看到，"双师型"师资队伍建设进程中存在标准缺乏、发展不平衡等问题。加快推动职业教育"双师型"师资队伍标准建设成为浦东新区"双师型"师资队伍建设的重要支点。因此，本研究将借助标准建设和 1+X 证书制度，撬动"双师型"建设过程中的难点和堵点。

关键词：职业学校；双师型；师资队伍

师资队伍建设是学校人才培养质量的重要保障。对于职教集团所属中职学校而言，专业课教师，尤其是"双师型"师资队伍建设一直是职业教育师资队伍建设的重点和难点。近些年，国家陆续出台许多与之相关的文件，将"双师型"师资队伍建设摆到重要的位置，但是也折射出当前存在的一些问题。

一、实施背景

（一）立足政策视角，掌握必然方向

2019 年 8 月，教育部等四部门印发了《深化新时代职业教育"双师型"教师队伍建设改革实施方案》，明确了深化新时代职业教育"双师型"教师队伍建设改革的总体要求和具体目标——"突出'双师型'教师个体成长和'双师型'教学团队建设相结合，提高教师教育教学能

力和专业实践能力,优化专兼职教师队伍结构,大力提升职业院校'双师型'教师队伍建设水平……建立具有鲜明特色的'双师型'教师资格准入、聘用考核制度……"以及相应的各项举措,为新时代职业教育双师型教师队伍建设描绘了蓝图,指明了方向。

2019 年 12 月,上海市人民政府办公厅《关于印发〈上海职业教育高质量发展行动计划(2019—2022 年)〉的通知》,再次强调:"强化'双师型'教师队伍建设。完善'双师型'教师标准和考核认定办法,'双师型'教师占专任专业课教师总数达到 60%。"

2020 年 9 月,教育部等九部门印发《职业教育提质培优行动计划(2020—2023 年)》,其中将制定"双师型"教师基本要求作为健全职业教育标准体系的重要内容,实施新一周期"全国职业院校教师素质提高计划",校企共建"双师型"教师培养培训基地和教师企业实践基地,落实 5 年一轮的教师全员培训制度……到 2023 年,专业教师中"双师型"教师占比超过 50%,以此提升教师"双师"素质。

(二)立足现实视角,了解实然现状

在国家的号召和倡导下,浦东职教集团注重提升职业学校在职教师专业素养,同时鼓励支持职业学校面向企业、高校聘请兼职教师,通过多种途径加强"双师型"教师队伍建设,积极为新区职业教育的发展打造一支高素质队伍。

但是分析当前浦东职教集团下属的中职校双师型师资队伍建设现状,各校之间差异巨大。有的学校双师型教师占比高达 69.12%,有的学校却只有 24.79%,这恰恰凸显了在大力倡导双师型师资队伍建设的进程中,各中职校在实际落实中的难度和步调存在较大差别。此外,通过对浦东职教集团各中职校专业课教师来源的分析可以发现,他们大多直接来自高校,既缺乏中职校相应的教育理论、教学能力,对企业的生产运作与实践操作也是处于茫然的状态。甚至有部分专业课教师,直接是其他文化课教师转岗过来的,自身对专业课缺乏了解,更别说对行业企业的了解。这在源头上阻碍了"双师型"师资队伍建设的进程。

无论是职教集团,还是各中职校,关于"双师型"师资队伍建设这个问题,更多将精力用于提升学校或者新区的双师比,进而不断在教师培训方面加大力气,导致"双师型"师资队伍建设仅仅囿于一个数值,并没有产生质变效应。因此,从整体来看,当前"双师型"师资队伍建设缺乏顶层设计和建设标准,需要就"双师型"师资队伍建设的出发点进行周密设计,从体制机制层面为后续的落实提供政策依据;并且针对"双师型"内涵制定相应的标准,使得"双师型"师资队伍建设走向内涵发展之路。

二、实施目标

从近两年国家出台的多个文件都能看到国家对"双师型"师资队伍建设的要求较以往有了质的飞跃。"双师型"师资队伍建设成为提高职业教育质量,构建现代职教体系的重要环节。就"双师型"比重而言,上海市政府印发的文件提出"双师型"师资比例要朝着 60% 迈进,远高于国家 50% 的标准。

浦东职教集团在构建"双师型"师资队伍的进程中发现存在学校之间发展的不平衡,"双师型"师资队伍建设缺乏相应标准等问题。因此,深入分析"双师型"师资队伍的内涵,构建"双师型"师资队伍标准,全方位提升"双师型"比重,成为浦东职教集团着手"双师型"师资队伍建设的主要目标。

三、实施过程

标准建设是职业教育质量提升的基础性工程。当前国家高度重视并逐步健全职业教育标准体系,这也为"双师型"师资队伍标准建设提供了有利的外部条件。现结合《中等职业学校教师专业标准(试行)》的基本内容,就中职校"双师型"师资队伍标准的构成要素展开探讨。

(一)中职校双师型师资队伍标准构成要素

1. 准入要求

根据规定,中等职业学校的专业课教师和实习指导教师要具有企事业单位工作经历或实践经验并达到一定的职业技能水平。甚至出现"自 2020 年起,除'双师型'职业技术师范专业毕业生外,基本不再从未具备 3 年以上行业企业工作经历的应届毕业生中招聘,特殊高技能人才(含具有高级工以上职业资格或职业技能等级人员)可适当放宽学历要求"的规定。这也是一种发展趋势,即职业教育对专业课教师的准入门槛提高了。这就要求学校在选人用人的时候,综合考虑学历、企业实践经历、持有的技能等级证书等方面,制定合理的准入条件。

2. 理念与师德

中等职业学校教师是履行中等职业学校教育教学工作职责的专业人员,除了具备相应的专业知识和专业技能外,也要具备良好的职业道德。这就要求教师持有师德为先、学生为本、能力为重、终身学习的基本理念,在职业理解与认识、对学生的态度与行为、教育教学态度与行为、个人教学态度与行为等方面时刻对标,使自身既有高度的政治素养和道德情怀,也能保持对教育事业和终身学习的重视。

3. 专业知识

专业课教师大多来源于非师范学校,还有部分来自于企业一线的技术工人。这类群体虽然了解所在行业企业的发展情况,但由于未接受系统的教育教学理论熏陶,在教育知识、课程教学知识、通识性知识等方面存在欠缺。而这些将在后续的教育教学中直接影响教学效果、教师个人的专业发展。作为备受推崇的"双师型"教师必须重视专业知识的学习,使自身从事的职业教育事业区别于社会上的职业培训事宜。

4. 专业能力

专业能力是一个非常庞杂的系统,也是使教师这一职业在历史长河和未来发展中难以被取代的关键因素。作为一位中等职业学校教师需具备的专业能力包括教学设计与实施、实训实习组织、班级管理与教育活动、教育教学评价、沟通与合作、教学研究与专业发展等方面。除了常规的组织教学与实施外,还要具备班级管理和实训实习管理的能力以及科研能力。这是对教师综合素养的考验,也是推动教师不断成长的催化剂。

5. 培养培训

教学相长说明了教育行业是不断更新换代、自我革新的领域。置身其中的教师更应该顺势而为,主动求变,这就有了培养培训的诉求。除了常规的业务培训外,"双师型"教师更应践行国家规定的企业实践方面的要求,同时也要关注国家政策、职教发展趋势和理念等方面的培训。当然,从人才培养角度而言,除了一般的高等院校培养外,还应重视职业技术师范类院校或职业技术专业培养职教师资,使得人才培养具有针对性。

6. 考评体系

"双师型"师资队伍建设缺乏持续发展动力的原因之一在于尚未出台与之相适应的考评体系。专业课教师的晋升和评价机制仍旧绕不开文凭、论文、帽子等顽瘴痼疾,这就难以激发专业课教师向"双师型"教师转型发展的动力。就"双师型"教师而言,对其考评应侧重企业生产项目实践经历、业绩成果、技能等级提升、技能比武等方面,从而促使"双师型"教师更好地在各自的领域内专深发展。此外,对于"双师型"教师的企业实践经历和成效,也可作为将来职称晋升的参考依据。

(二)中职校"双师型"师资队伍标准建设举措

1. 分层分类管理,构建标准体系

建设分层分类的教师专业标准体系,建立中等和高等职业教育层次分明,覆盖公共课、专业课、实践课等各类课程的教师专业标准体系。通过健全标准体系,规范教师培养培训、资格准入、招聘聘用、职称评聘、考核评价、薪酬分配等环节,推动教师聘用管理过程科学化。同步推进以双师素质为导向的新教师准入制度改革,探索建立新教师为期1年的教育见习与为期3年的企业实践制度。

2. 依托校企联动,搭建多元平台

构建以职业技术师范院校为主体、产教融合的多元培养培训格局,加强与地方职业技术师范院校和高校职业技术教育(师范)学院联建共建,开展在职教师的"双师"素质培训进修。同时,还要推动校企联动、共同培养的形式。不论"双师"素质还是"双师型"教师,其内生发展动力还源于行业企业的实践经历,对新技术新工艺等的把握。这就要求校企合作从专业发展、学生培养扩大到师资队伍建设上来。

3. 聚焦证书制度,深化培训内容

从2019年开始,在职业院校、应用型本科高校启动"学历证书+若干职业技能等级证书"制度试点(以下称1+X证书制度试点)工作。对接该项工作要求和职业教育教学改革需求,

探索适应职业技能培训要求的教师分级培训模式,培育一批具备职业技能等级证书培训能力的教师。通过把国家职业标准、国家教学标准、1＋X证书制度和相关标准等纳入教师培训必修模块的形式,推动师资培训的提质增效。

4. 依托多方评价,构建考核体系

基于"双师型"教师自身的内涵与特色,推动建立职业院校、行业企业、培训评价组织多元参与的"双师型"教师评价考核体系。深化教师职称制度改革,将师德师风、工匠精神、技术技能和教育教学实绩作为职称评聘的主要依据。同时引入社会评价机制,建立教师个人信用记录和违反师德行为联合惩戒机制。还要发挥产教融合、校企合作机制,增补行业企业评价指标,强化考评结果运用和激励作用。

5. 依托专兼机制,配置教师资源

建立校企人员双向流动相互兼职常态运行机制,完善"固定岗＋流动岗"的教师资源配置新机制,建立健全职业院校自主聘任兼职教师的办法。根据专业特色和学校实际,畅通高层次技术技能人才兼职从教渠道,聘请企事业单位高技能人才、能工巧匠等到学校兼职任教,并规范兼职教师管理。进而建设标准统一、序列完整、专兼结合的实践导师队伍,推动形成"固定岗＋流动岗"的专兼职相结合的双师队伍。

四、实施保障

职业教育是区域经济发展的助推器。多年来,新区的职业教育为建设开放、创新、高品质的浦东,提供了强大的人才支撑和智力保障。《浦东新区职业教育改革和发展"十三五"规划》正式提出将着力打造"开放、融合、创新、活力"的浦东职业教育体系,培养更多具备国际视野、知识型、发展型的能工巧匠。浦东职教集团将积极申报中高职贯通、中本贯通试点,探索扩大贯通培养规模;继续深化内涵建设,开展专业教学改革,力争把新区中职校10％的专业培育为国际、国内或上海市领先的标志性专业;尝试探索开展高技能人才培养计划,力争让试点专业(班级)中80％以上的学生,通过升入相关高校、获得高级职业资格证书等途径,进入高技能人才行列。

五、特色与成果

"十三五"期间,浦东职教集团采取机制创新、项目运作、科研引领、合作共建等方式,构建了基于标准的分层分类教师培训体系,积极搭建各种平台,推进"双师型"教师队伍建设。其中最大的特色是聚焦1＋X证书制度开展教师全员培训,提升"双师型"教师的比重。

浦东职教集团各职业学校充分依托企业优势,积极推进企业、学校协同培养教师机制。对接1＋X证书制度试点和职业教育教学改革需求,探索适应职业技能培训要求的教师分级培训模式,培育一批具备职业技能等级证书培训能力的教师。把国家职业标准、国家教学标

准、1＋X证书制度和相关标准等纳入教师培训的必修模块,推动师资培训的提质培优。在教师企业实践方面,各职业学校认真落实企业实践制度,制订教师下企业实践方案,有计划地选派担任专业基础课、专业课和实训课程的教师,以脱产方式、寒暑假或者利用工作时间赴企业一线顶岗实践,熟悉企业生产实践环节,了解企业对技能培养的需求,丰富自身专业教学的内容,进一步推动教师"双师"素质的提高。对于中青年教师,每年必须进入企业生产车间,熟悉生产流程,参与生产实践,掌握生产工艺,增强教师对专业理论课和实习指导课的教学能力。

2018年,全区中等职业学校共有专业教师454人,其中"双师型"教师172人,占专任教师总数的37.9%,超过《中等职业学校设置标准》规定的30%要求。2019年,浦东职教集团所属的中等职业学校有7所区属职业学校和7所行业学校,共有专职教师1459人,其中本科学历1164人,硕士以上学历233人,"双师型"教师人数787人,"双师型"教师占专任教师总数的53.9%,提前满足《国务院关于印发国家职业教育改革实施方案的通知》(国发〔2019〕4号)提出的"到2022年,'双师型'教师占专业课教师总数超过一半"要求。

六、体会与思考

职业教育与普通教育是两种不同教育类型,具有同等重要地位。随着我国进入新的发展阶段,产业升级和经济结构调整不断加快,各行各业对技术技能人才的需求越来越紧迫,职业教育重要地位和作用越来越凸显。承担各类技术技能人才培养职责的教师,其专业素养直接决定人才培养质量。

但是,与新时代国家职业教育改革的新要求相比,职业教育教师队伍还存在着数量不足、来源单一、校企双向流动不畅、"双师型"教师和教学团队短缺等问题。因此,需要对照《国家职业教育改革实施方案》和《深化新时代职业教育"双师型"教师队伍建设改革实施方案》提出的具体要求,推进"双师型"师资队伍建设,健全完善职业教育师资培养培训体系。除了常规的业务培训外,还要在"双师型"教师培养培训、团队建设、科研教研、资源开发等方面下大力气。借助1＋X证书制度试点的契机,发挥教师教学创新团队在实施1＋X证书制度试点中的示范引领作用。

正如习近平总书记在浦东开发开放30周年庆祝大会上的讲话:"浦东开发开放30年的历程,走的是一条解放思想、深化改革之路,是一条面向世界、扩大开放之路,是一条打破常规、创新突破之路。"浦东职教集团不断探索职业教育为地方经济建设和社会发展服务新途径,围绕"上海服务、上海制造、上海购物、上海文化"四大品牌建设及自贸区、科创中心等重要战略项目建设,聚焦"中国芯""创新药""人工智能"等"硬核"产业链,定好位、对好标,培养、提升"双师型"师资队伍,骨干引领整体推进,加大培养贴合产业发展的应用型、综合型人才,交出职业教育的"浦东答卷"。在今后的职教发展中,浦东职教集团将结合新区的责任、使命和目标,更高站位、敢闯敢试、善作善成,助力浦东新区经济社会发展。

以德施教履行育人初心　以德立学培养时代新人
——立足课程思政理念提升职业院校德育实效性

上海浦东职业教育集团　王海英　张　华　侯俭燕　余　婧　陈扬兴

摘　要:本案例以习近平新时代中国特色社会主义思想为指导,坚持社会主义办学方向,紧紧围绕"培养什么人、怎样培养人、为谁培养人"这个根本问题,牢牢把握立德树人这一根本任务,充分发挥课堂教学主渠道作用,按照"所有课程都有育人功能"的要求,深入挖掘各类通识课程、专业课程及各教学环节育人功能,通过挖掘、激活、利用各类课程的思政元素、精准把握课程思政的教育教学重点,形成各类各门课程协同育人格局,努力培养德智体美劳全面发展的社会主义建设者和接班人。

关键词:课程思政;德育;实效性

一、实施背景

随着我国产业转型升级、经济快速稳步发展,职业教育成为培养技能型创新人才的重要途径。与传统的技能人才相比,技能型创新人才不仅要有精湛的技能,更要有正确的价值观和过硬的综合素质。而综合素质的培养则关乎"为谁培养人"和"培养什么样的人"这个重要问题。

教育之本在于育人,职业院校对学生的技能培养方面较为重视,也取得了相当的成效,而在思政教育方面,却还存在一定的问题。为此,众多学校也从"三全育人"的理念出发,纷纷创新人才培养模式,上海近年来推出的"课程思政"也是试图打破学校思政育人中面临的"孤岛"困境,实现思政教育、通识教育与专业教育的融会贯通。本案例研究则以此为出发点探究分析"课程思政"视域下如何提升职业院校德育的实效性。而将"课程思政"理念融入教学过程之中,上海市新陆职业技术学校学前教育专业开展了前瞻性的探索。

二、实施目标

"课程思政"视域下职业院校育人实效性改革,既是一项关于教育思想理论的研究,又是一项以职业院校学生为主体研究对象的应用研究。如何在"课程思政"视域下探究职业院校德育的实效性,如何从主体教育模式的角度全方位分析职业院校德育的价值,这既是教育创新发展的需要,也是和谐社会的必然要求。因此本项目的实施目标主要体现在如下三点:

(一)拓宽职业院校核心价值观传播途径

职业院校需要在宏观上整体把握和推进学校思政育人模式,扩大辐射范围,秉持"全面思政教育、立体思政教育、创新思政教育"理念,主动转变思路,开启"课程思政"建设,促进包括通识课、专业课在内的各类课程和思政教育的有机结合,挖掘和充实各类课程的思政教育资源,从而使得学校核心价值观的传播途径得以拓宽。

(二)提高职业院校育人活动的应用价值

传统视域下的职业院校德育活动呈现理论化空洞化趋势,养成德育效果比较差,适时更新德育观念已势在必行。在"课程思政"视域下,研究职业院校德育实效性,倡导"课堂德育"与"主体德育",激发德育主体的能动性,有利于把外化的道德理论内化为根植于主体心底的道德认知,从而为解决社会实际问题服务,达到学以致用、知行合一的目的。

(三)提升职业院校学生主体思想道德素质的必然选择

当前人才培养要靠教育,而育人为本,又以德育为先。在"课程思政"的新理念下,增强职业院校学生主体德育实效性研究,有助于培养与现行体制相适应的高素质与技能型人才。所以,这也是时代的呼唤和社会发展的必然选择。

三、实施过程

"课程思政"视域下德育实效性是德育管理追求的结果,坚持德育实效性原则必然要求运用德育管理手段,强化管理措施来增强德育的实效性。解决德育的实效性低下,首先要把德育教学情况、德育活动开展情况做大量的收集整理,然后分析提炼,从德育所投入的人力、财力、人员构成和素质水平、投入的时间、精力等各要素中寻找德育实效性低下的原因,对于造成德育实效低下的方式手段进行革新,正确决策,避免形式主义,从而提高德育管理实效。

(一)科学制定德育目标,确保清晰务实可操作

一是职业学校的德育目标必须增加道德价值判断和选择能力的成分。二是在全面提高学生的文化素养,培养学生专业和实践技能的同时,关注学生的个性发展,把个性发展和人格的社会性培养结合起来。三是职业学校德育目标的确立要依据受教育者的身心发展规律,德育目标既要以各级各类教育的品德培养目标为基础,同时还要通过具体的德育目标去落实,需要反映不同学段受教育对象的共同性与特殊性。

同时,在德育的实施过程中也要注意如下几点:一是把德育目标自上而下分解到部门和个人,明确权利和责任,形成一环套一环的目标体系。二是目标分解之后,要进一步确定对

策、采取对策,有具体措施来保证分目标和总目标。三是在目标开展过程中,要围绕德育工作的落实情况经常沟通思想、进行意见交流,以消除意见分歧,及时发现问题、解决问题。四是绘制德育实施进度表,随时把握工作进展情况,了解进度,鼓舞士气。五是为使德育目标实施有效、有序,还要进行目标实施中的监督和检查,通过监督和检查,对完成好的加以表扬宣传,对偏离目标的及时加以指出和纠正。

(二)优化德育课程渠道,拓宽专业课程途径

当前德育课程教学方法多采用强制灌输的方式向学生进行思想政治教育,职业院校学生对这种教学方法存在很大的抵触和畏难情绪,在相关职业院校德育课程教学方法的改革中可以采用隐性教学法,德育课程教学过程中使用隐性教学法意指在课堂中由对学生的知识强制性灌输改变为对学生的引导过程,教师可以根据学生的思想实际状况,结合课程的总体目标,为学生自由选题,在规定的时间内提交相关报告,由学生自己安排时间和制订进度计划,培养学生自我管理的能力和自主发现的精神。同时在教学过程中应穿插案例教学法来完善隐性德育实施效果。由于德育课程性质,德育课程内容有很多的理论知识,纯理论的教学方式不能增加德育效果,还会在上课的过程中增加学生压力与反感,穿插案例教学的方法,有助于将职业院校学生的理论学习引入相关事件的背景学习,能够使课堂氛围轻松愉快。例如,上海市新陆职业技术学校在基础型课程实施过程中要求教师要牢固确立"全员育人"的观念,通过各基础型课程的学科教学对学生进行思想品德教育,除了要准确把握本学科教学中的"知识和技能""过程和方法"方面的目标,更要关注"情感态度与价值观"等德育目标和德育内容,并落实在备课、听课、评课、教研等各个环节中。

(三)课程思政融入实践,增加德育实践路径

职业院校培养目标高度的职业化特色,要求职业院校在培养人才的过程中拓展多种培养渠道模式,增加职业院校学生的实践活动能够帮助学生在实践中构筑职业意识,形成完备的职业道德,帮助学生更好地融入群体,增加团队合作感。当前职业院校都在积极拓展实践环节中的德育实施路径,其中 EPI - CDIO 理念由于与职业院校职业特色的高度契合性逐步被作为拓展高职院校德育实施的新模式。CDIO 工程教育模式是由 2000 年麻省理工学院和瑞典皇家工学院等四所大学组成的跨国研究理念;CDIO 具体含义分别代表构思(conceive)、设计(design)、实现(implement)和运作(operate),CDIO 理念贯穿了从产品生产到正式投入市场经营的生命周期全部过程,通过让学生建立实践内容、课程理论之间的联系程度培养学生完成任务的主动性。CDIO 理念关注在工程毕业生的工程基础知识、个人能力、人际团队组织协调能力、工程应用系统能力等方面的变化,并相应提出了教学目标。

而 EIP - CDIO 概念是我国根据国外先进工程专业培养理念,结合当前我国职业院校发展水平实际效果提出的。它结合我国职业教育中学生在职业道德层面欠缺的基础上,强调培养工程职教专业学生能够在项目上有构思、设计、开发和实施能力,并且具有较强的独立探索能力、组织能力和协调能力,注重学生的职业技能和诚信、职业道德思想意识共同发展。

在这一点上,职业院校可以依托深化校企合作模式、拓宽第二课堂等途径,增强职业院校学生的实践技能,提高职业道德品质,进而推动学校德育建设工作。

(四)提高全员师德水平,加强德育队伍管理

在"课程思政"视域下,德育工作不能光靠德育管理者和教学人员,全校教工都会影响德育工作的开展。对学生来说,学校的每位教师都是他们了解这个学校的窗口,也都会影响他们的言行和价值判断。职业院校要想做好德育工作,提高德育工作的实效性,一定要提高全员师德水平,包括学生管理部门、后勤服务部门、实习工厂和实践基地。否则课堂上德育教师讲一套,课下德育教师或其他教师做一套,学生会感到教育的滑稽和虚假,从而使得德育教育效果走向反面。每一位教师,都要时刻提醒自己的职业和职业相应的要求,要清楚自己的言行具备一定的导向作用,会影响到学生,学生还会继续这个影响,把它扩散传播开来,所以教师提高职业道德水平,从外在的严于律己升华为内在的道德品格是十分必要和重要的。德育工作者是学校德育工作的保证,德育管理要从根本上调动德育工作者的积极性,以促使他们充分发挥主观能动性,因此,德育管理要通过加强管理,建立制度,重视人的因素,提高德育工作的水平。

(五)坚持定性定量结合,完善德育评价体系

在德育工作评价中,要建立德育评价的指标体系,德育评价也就有了基础和方向,同时根据德育评价指标体系制定评价尺度,这样德育评价才能避免空洞、主观、走形式。德育评价的衡量尺度是在负责的人的行为的基础上建立的,要有关于人的描述性语言描述,还应有客观的量化分析。对于职业院校的德育工作评价应该从德育目标、德育方案、德育组织和德育措施四个方面着手,不仅重视总结性评价还要重视诊断性评价和形成性评价,建立标准内容、标号和标度组成的标准体系,把定性和定量相结合,尽量做到全面、客观、公正,从而达到促进德育实效性的作用。

(六)构建德育网络模式,发挥合力育人效果

德育网络是整合学校内部和外部的所有德育力量,由各种社会组织和其沟通渠道组成的系统网络。构建德育网络的目的是把校内外各种教育影响联系起来。形成一种力量,达到合力育人的目的。这种一体化的网络有助于促进受教育者道德品质社会化,有助于全方面素质的发展。这些因素包括学校、社会和家庭,影响职业院校德育的环境因素有宏观社会环境因素、家庭因素和大众传媒的因素。因此做好职业院校的德育工作,绝非易事,也不是单靠学校就能够完成的,还需要各方面的通力合作,全社会共同重视,才能提高德育的水平。

首先,全球范围内的文化传播和文化变迁加速,使各国的学校德育面临着危机与挑战,德育工作者必须关注这些因素和这些因素的变化,在变化中寻找德育的发展方向和新方法,提高德育实效性。其次,家长要重视学生的成长,重视家庭对下一代和下几代的影响,注重孩子全面发展,防止重智轻德,重物质轻精神,重现在轻未来,重自己轻他人和社会。再次,大众传媒应创造有利于青少年成长的传媒环境,加强对大众传媒操纵者、制作者、经营者的有效管控,也包括提高家庭和学校,家长和老师对传媒选择和鉴赏水平。

四、实施保障

（一）加强组织保障

职业院校的课程思政工作应由书记统一领导，书记是学校德育管理工作的第一责任人，校长负责组织德育目标的制定和计划的实施。学校德育工作在校长的带领下，由学生管理部门牵头，提出德育目标的实施方案，负责协调和督促检查德育。

（二）强化工作考核

把教师参与课程思政教学改革情况和课程思政落实效果作为教师考核评价、岗位聘用、评优奖励、选拔培训的重要依据；改革学生的课程学习评价方式，把价值引领、知识传授、能力培养的教学目标纳入学生的课程学习评价；把推进课程思政教育教学改革成效纳入系部绩效考核评价。

（三）完善激励机制

将课程思政工作纳入学校教学改革项目，通过项目的形式对课程思政工作提供资助；试点或立项课程给予课时工作量上的相应比例增加，确保专项建设项目顺利实施；学校设立专项经费，为课程思政工作有序推进提供保障。

五、特色与成果

（一）创新教学设计

通过项目的实施完善现有课程教学大纲和教案，在教学目标中增加"课程思政"目标，探索最有效的多样化教学方法，根据"课程思政"目标设计相应教学环节，创新教学活动，将"课程思政"元素融入学生的学习过程中，体现在学习评价方案中。将"课程思政"建设情况作为专业评估的重要观测点，将"课程思政"的要求纳入人才培养方案。

（二）提升教学能力

在项目实施过程中，组织专题辅导，邀请相关专家学者对"课程思政"深入解读，加深对"课程思政"的内涵、目标及原则等的理解。开展学习讨论活动，以提高每位老师对加强课程思政重要性的认识。通过教学观摩、教学竞赛、教学研讨等活动，提升"课程思政"教学能力。

（三）加强师德师风

通过项目实施，全面加强师德师风建设，健全师德师风建设长效机制，积极引导广大教师做"四有"好老师，引导广大教师以德立身、以德立学、以德施教、以德育德。

（四）打造示范课程

制定"课程思政"示范课程评价标准，开展示范课程遴选活动，打造20门左右示范课程，发挥引领作用。将思想政治理论课纳入示范课建设,实施新时代思想政治理论课创优计划。在"课程思政"有基础,思政元素较充足,能体现教学优势、课程优势的专业中遴选部分专业,打造成"课程思政"示范专业。

(五) 开发特色课程

结合时代特点,发挥学校优势专业引领作用,采取名家授课、专题讲座等形式,打造一批"课程思政"特色课程、精品课程。充分利用教育信息技术,加强网络教育资源建设,开发一批在线开放课程。

(六) 建设教学团队

明确团队教师的选拔要求和育人责任,建立团队教师的培养机制、运作机制和协调机制,培育3个左右"课程思政"教学团队,培养一批首席专家和教学名师,不断增强团队整体教学能力,发挥团队示范作用。

(七) 完善课程评价

在课程教学大纲、教学设计等重要教学文件的审定中,要考量"知识传授、能力提升和价值引领"同步提升的实现度。在精品课程、重点课程的遴选立项、评比和验收中设置"价值引领"或者"育德功能"指标。在课程评价标准、教学比赛、课堂优秀教学奖评比的规则制定中设置"价值引领"的观测点。

(八) 总结典型案例

总结"课程思政"教育效果好、学生反响佳的教学案例,形成参考性强、推广价值高的典型案例,为提升课程育人水平提供参考借鉴。

六、体会与思考

职业院校课程思政实施效果有赖于多重实施渠道的配合,涵盖了课堂实践教学、第二课堂、社会实践、顶岗实习等多途径。课堂实践教学通常为组织学生进行案例讨论、专项练习、企业的仿真实训等方面的学生培养工作;第二课堂则形式更为多样,强调学生通过多种社团活动和技能大赛等活动提高职业素养和人文情怀;社会实践德育途径组织形式多为社会调查、走访、指导支援、专业服务等方面来提高学生的职业技能应用能力和为他人服务奉献意识;顶岗实习主要是职业院校联合校外合作企业共同构筑职业院校学生的德育体验课堂,让学生深入了解企业文化,以较快的速度形成合乎职业标准的职业道德思想。发挥合力,才能共创实效。面对外部发展环境与内部实施环境的变化,如何培养学生既能掌握过硬的应用技能又能具备良好的个人品格,需要我们继续坚持以爱国主义教育为主线,进一步以强化行为规范养成教育为重点,不断增强课程思政育人工作的主动性、实效性,形成全员、全方位、全过程参与的育人模式,才能在浦东新区学校德育工作中创出新特色、新品牌。

"学做创一体"校企合作共育技术技能人才

——长宁现代职教集团跨境电商人才培养创新探索

上海长宁现代职业教育集团　　谢丽芳　赵　钰

摘　要:长宁现代职教集团联合跨境电商协会,组成由政府有关职能部门、行业企业及职业学校领导、专家构成的专业指导委员会。通过搭建校企联动平台,深化校企合作实践,建立"人才共育、过程共管、资源共用、成果共享"的校企合作长效机制。共同探索通过"学做创一体"人才培养模式改革,培养"懂外贸、精电商、强外语"的高素质、智慧型技术技能人才,打造高素质、高水平"双师"型师资队伍。

关键词:学做创一体;校企合作;技能人才培养

长宁现代职业教育集团于 2010 年 12 月 1 日正式揭牌成立,是由区域内职业院校、行业协会、职业培训机构及企事业单位自愿组成的非独立法人组织,是一个多元化的教育集团。近些年,长宁现代职业教育集团,建立公共信息互通平台,共同促进职业教育发展,加强政、校、企三方联动,发展多种校企合作模式,共同探索区域内人才培养模式、专业建设及课程改革。通过项目引领,带动、促进教育培训向深度发展。

一、实施背景

根据上海市商务委发布的《关于促进上海市跨境电子商务发展的若干意见》,上海将形成第三方平台和自营平台同步推进、境内外电商共同参与、进出口并重、多种模式并存、线上线下有序结合的跨境电商发展格局。到 2020 年,上海市跨境电商交易额占全市进出口总量的比重稳步提高,跨境电商发展水平居全国前列。

集团所在的大虹桥区域正着力打造国际贸易中心、国际高端商业中心、国际商务中心和国际会展中心,中国国际进口博览会的落户上海势必拉动区域内对跨境电商人才的需求。随着一年一度的进博会召开,众多跨境电商活动落址上海虹桥商务区,将着重促进上海虹桥商务区承接进博会的溢出功能,有效促进进博会进口展商与虹桥商务区乃至长三角及国内知名电子商务企业、商协会等组织达成合作交流,提供物流、仓储、展示、线下体验、交易、服务等相关业务,打造长三角跨境电商集群地,实现产业集聚的聚变效应,借力进博会,跨境电商促进贸易发展将迎来新局面。

互联网＋背景下,技术的革新、政策的红利、对外贸易的转型,促使国际商务行业发生着深刻变化。这一变化驱动人才规格的提升,用人需求的变化对国际商务人才培养提出了新要求。集团以上海市品牌专业为契机,以现代职校国际商务专业为依托,通过创新与实践,改变传统的人才培养模式,构建基于实战的"学做创一体"跨境电商人才培养模式,优化学生的知识能力结构,提升学生的专业素养与综合职业水平,真正切合国际商务行业的发展步伐和人才需求。

二、主要目标

通过搭建校企联动平台,深化校企合作实践,建立"人才共育、过程共管、资源共用、成果共享"的校企合作长效机制。通过"学做创一体"人才培养模式改革,专业教学内容与职业标准深度对接、专业教学过程与企业实践过程深度对接、现代职业素养与岗位需求深度对接,培养"懂外贸、精电商、强外语"的高素质、智慧型技术技能人才,打造高素质、高水平"双师"型师资队伍。

三、实施过程

(一)集团牵头创新跨境电商人才培养模式

长宁现代职教集团联合跨境电商协会,组成由政府有关职能部门、行业企业及职业学校领导、专家构成的专业指导委员会,定期召开专业建设指导会议,对接国际商务岗位职业能力分析,以及跨境电商主流平台的技术标准,进一步加强内涵建设,加深校企合作,逐步形成四大专业品牌特色。一是构建基于实战的"学做创一体"跨境电商人才培养模式,通过落实"学习——体验——模拟——实战"四阶段实践教学,培养学生拥有"懂外贸、精电商、强外语"具备跨境电商运营思维、实操技能、创新创业的三大核心能力;二是依托信息化教学手段,探索"全职场渗透"教学模式,改变传统的以单一知识讲授或技能传习为主线的教学思维定势,创设职业情景与案例教学,以跨境电商企业单项训练项目引入专业技能课程,将企业文化与跨境电商创业综合实践引入企业实战课程,将专业学习与创新创业统一起来,综合发展学生的身心素质与职业能力;三是整合教师资源,跨界组合跨境电商师资团队,通过培训、考证、企业实践与学生共同创业等手段,实现跨境师资培养目标达成;四是根据跨境电商行业人才素养的要求,突出学生"商才"的培养,通过多元立体浸入式实践活动,搭建校园实战创业平台,提供学生把理论知识运用到实际工作环境中的机会,全方位营造有商贸专业特色的校园学习与实践环境。

（二）校企合作共建跨境电商实训基地

2018 年 1 月,集团联合成员单位现代职校与企业共同建成跨境电商实训基地,为跨境电商人才培养搭建实训平台。实训基地模拟企业真实工作环境,打造办公环境下的教育教学区,巧妙地将教室与办公室、会议室等功能融汇一体,设有 24 个工位,用于学习及实习实训,让每一名学生都能沉浸在"真实"的企业环境中。基于真实业务的引入开展专业实践教学改革,通过"实践教学环节安排"贯穿在教学全过程的校内教学实训为主体,以行业通用技能为主要培养目标的职业技能培训与鉴定,职业特定技能为主要培养目标的专项实习、顶岗实习为重要组成部分,从认识性实践——技能训练——跨境实战——顶岗实践四个循环渐进层面,保证实践,遵循能力培养的规律,使实践教学和理论教学有机地融为一体。

同时,实训基地创立了"创业小铺"区域,经过审批,学生可以自主申请微店,利用闲散时间经营实体店铺,通过团队协作,自主经营模式运行"创业小铺",既培养了学生的"商才"能力,又提升了学生团队协作水平。同时,"创业小铺"还承担了部分公益功能,为学校家庭困难学生提供了勤工俭学的机会,让学生在创业中体会反哺,学会感恩,真正做到在育才的同时又育人。

（三）强强联合打造跨境电商精英训练营

长宁集团择优选择企业,与学校强强联手组织主办跨境电商技能实训实操特色班,共同打造跨境电商经营训练营,由校企双方结合真实平台、业务共同实施授课计划,帮助学生快速进入跨境电商行业,熟练掌握相应岗位技能,同时提升学生团队协作、沟通文案等综合职业素养。精英班采取集中授课,学生入驻跨境电商实训基地进行半封闭式实操训练。

跨境电商精英训练营于 2018 年 4 月启动,48 名学生报名,经过两轮面试,录取 24 人组建第一届跨境电商精英训练营。2018 年 9 月训练营学员入驻基地,2019 年 1 月完成训练,成绩显著。2019 年 9 月第二届精英训练营开班,23 名学员入驻基地,开始为期 4 个月的训练,并于 2020 年 1 月结业,成绩斐然。

（四）完善体系实现"学做创一体"良性循环

学:在跨境精英训练营中学生学习外贸操作、电商技术。包括 EBay、Shopee、Amazon、AliExpress、Wish、Lazada 等平台基础知识;学习选品、商品图片拍摄与处理、上传商品、店铺 Banner 设计、海报设计、物流选择、订单管理、客户服务等跨境平台后台操作以及运营管理。教师使用众包平台的素材资源进行教学,学生自主认领众包平台任务进行实践,被企业采纳的作品可获得相应学习绩点。

做:跨境精英训练营课程内容的主要是两大模块:EBay 平台实战和 Shopee 平台实战。在"跨境电商综合实训"课程中,以组建跨境电商精英班的形式,在跨境电商实训基地中,以企业运作的模式,开展跨境电商经营。

创:跨境精英训练营的学员在学习过程中熟知电商法,并能根据职业规划选择个人或小组的形式,从选品、美工、店铺装修、店铺运营等岗位开始独立运作店铺,注册个体工商户,开展跨境电商业务,学以致用。同时举办营销节等活动,实践"浸入式"互动教学,顺应"大众创业、万众创新"的形势,推进校园文化建设、深化教育综合改革、实施素质教育。2019年的营销节中,国际商务专业共有12个展位参与了营销节的摊位竞赛活动,从手工牛轧糖、DIY手工艺品、人脸彩绘到汉服试穿、DIY布丁、奶茶、寿司等,丰富的产品,各具特色的营销方式,把课堂中学习到的知识运用到真实活动中,团队合作,群策群力,在活动中学生得到了知识的深化、技能的增强,也进一步推进了校园文化建设,深化了素质教育。

通过"学做创一体"课程体系,学生进行综合模拟与实战,完成从理论到实践的无缝对接,激励学生的自我学习与能力提升。而实战结果的真实反映,又能更好地激励学生投入到创业和学习中,形成良性循环。

(五)导师引领组建专兼一体教学团队

集团组建专兼一体合作的教学团队是"学做创一体"人才培养模式取得成果的重要保障。目前,教学团队的专职教师以集团成员单位现代职校教师为主,兼职教师来自集团内的成员企业,兼职教师分为两个层面:一是企业的技术骨干;一是能工巧匠,以仍处一线的技术技能人才为主。专兼一体合作教学团队中的专职教师也分成了三个层次:即专业带头人(导师)、学科负责人和普通教师。国商、连锁、物流组联合建跨境电商师资团队,通过培训、考证、企业实践、与学生共同创业,实现跨境师资培养目标达成。目前,跨境电商专业拥有一支师德高尚、技能娴熟、结构合理、素质优良、专兼结合的"双师"素质的专业教师团队。现有专业教师共15名,专任教师12名,企业兼任教师3名。其中高级教师6名,中级9名;硕士学位8人,其他都为本科学历;大部分具有专业相关的教育背景或经历;"双师"比例达到100%。

在专业带头人(导师)的带领下,专业组深入进行了行业调研,带领专业教师制定跨境电子商务专业教学实施方案,创造性地开设了跨境电商精英训练营的模式,教师与学生一同进行创业实践。参与开发上海市物流专业教学标准修订,领衔开发国际货代专业国际水平专业教学标准、上海市中等职业学校物流服务与管理专业教学标准修订,领衔开发物流双证融通等课改工作,参与2019年教育部"跨境电商专业"教学标准的制定。

(六)共同研讨开发校企合作教材

教材建设是"学做创一体"人才培养模式实施的重要载体。在跨境电商精英训练营开营期间,集团组织校企双方专兼职教师根据教学实际,共同研讨、编制教材。目前有《网络营销》《跨境电商实务》《跨境电商物流操作》,及在线课程《EBay跨境电子商务综合实训》《"一带一路"跨境电子商务实战》等。这些教材与课程都是根据最新行业发展和岗位需求编制,贴近企业实际,并符合中职生学习特点。

四、实施成效与特色

(一)"学做创一体"培养模式创新

"学做创一体"人才培养模式打破传统,在教学与管理上都进行了改革。主要体现在三个方面:

(1)分阶段递进。集团牵头通过校内实训与校外实习相结合,学生学习跨境电商基本知识和技能,将仿真软件模拟与综合项目实战相结合。

(2)全职场渗透。跨境电商精英班授课将基础课程与专业技能课程、实战课程有效结合。通过职业案例导入、企业单项训练项目导入、企业文化与创业综合实践融入的方式进行授课,职场过程全方面渗透,实现教学内容与职业标准深度对接、教学过程与企业实践过程深度对接、职业素养与岗位需求深度对接。

(3)双主体协同。专业与企业紧密合作,双主体贯穿育人全过程。职业教育主要是以就业为导向,旨在通过项目课程教学提高学生在未来真实工作岗位上的胜任力。课堂教学质量如何主要取决于学生是否掌握了过硬的技术技能,以及工作过程是否符合企业规范。因此,跨境电商精英训练营学生的考核方式由校企双方共同考核。企业制定考核要求,学校进行监督执行。考核中按照学习内容的不同设定考核比重,包括每日出勤、每日工作日报,以及实战中自行运营店铺的出单量等。

(二)学生综合素质和实践水平显著提升

"学做创一体"跨境电商人才创新模式真正实现了"校企融合、工学一体"的人才培养目标,学生通过跨境理论学习与跨境平台实战"学做创一体化"的学习,寓学于做实现学校与市场岗位之间的"零距离",培养了学生外贸操作与电商技术等综合能力,以及团队协作、沟通文案职业素养。第一届跨境电商精英班的学生实习期间受到用人单位的积极反馈:学生基本功扎实、动手能力强、专业综合职业素质高,均能胜任本职工作、无须上岗前的二次培训,等等。

(三)专职教师和兼职教师同步成长

一方面,教师通过在运行"学做创一体"人才培养过程中,通过与企业人员互动交流,以及到企业实习培训等方式,实践能力得到有效增强,进一步提升了自身的专业素质;另一方面,专兼一体合作教学团队一起教研、一起开发课程与教材,教学相长,帮助了企业兼职教师参与课程开发和实施水平的提高,进而大大提升了整个专业教学团队的教学水平。

(四)校企合作共享育人成效显著

跨境电商精英班是由集团组织学校与行业企业共同设计设置课程大纲与内容,通过校企全程共管课程共建方式,提升学生的跨境电商岗位水平与职业素养,提高学生就业质量。

2018年第一届跨境电商精英班共24名学生申请了6家店铺,注册SHOPEE平台,开设台湾站点 6 家、马来西亚站点 4 家。在 3 个多月运营时间,订单数达到 180 余单,总金额达 87 860 元台币,合计 19 653 元人民币。2019 年第二届跨境电商精英班在第一届精英班的基础上 3 个多月运营,订单总数达 210 余单,总金额达 103 560 元台币,合计 23 751 元人民币。

总之,国际商务行业日新月异,随着岗位需求的变化,专业课程教学内容创新是一个长期的、动态的过程。基于实战的"学做创一体"跨境电商人才培养模式,校企合作共育人才,深入落实产教融合政策,对传统教育教学进行改革,充分发挥企业参与职教的作用,在专业发展与学生培养上成效显著。今后,集团将携手现代职校继续深化校企合作,开发课程与教材,完善跨境电商精英训练营的管理,提升教学质量,增强学生的综合职业发展能力,为上海经济社会发展贡献自己的力量。

以集团为平台 精细化建设区级教师企业实践基地

上海市奉贤职业教育集团 夏达明 丁 辉

摘 要:2020年,上海市奉贤职教集团依托申报项目,在市级专项资金支持下,精专深研,通过校企三方合作,建立教师下企业实践基地。基地的建设工作得到了集团的精细化管理,并在实习基地(企业)的关心支持下,教师企业实践基地建设按期启动,顺利运作,完满完成实习任务。

关键词:教师;企业实践基地;区域经济

一、实施背景

(一)政策文件支持

根据2006年教育部《关于建立中等职业学校教师到企业实践制度的意见》(教职成〔2006〕11号)和2016年教育部七部门《职业学校教师企业实践规定(试行)》(教师〔2016〕3号),以及《上海市"十三五"中小学、幼儿园、中等职业学校教师培训工作实施意见》(沪教委人〔2016〕41号)和2019年市教委出台的《推进上海市中等职业学校教师企业实践试点方案》(沪教委职〔2019〕11号)文件,上海市奉贤职教集团积极依托区域资源优势,因地制宜组织教师企业实践活动,努力提高教师专业技能水平、增强实践教学能力。

(二)区域经济快速发展,经济转型势头明显

"十三五"期间,奉贤坚定不移推动供给侧结构性改革,以提高经济发展质量和效益为中心,围绕"1+1+X"产业体系,统筹推进稳增长、调结构、强投资、促转型,确保区域经济发展总体平稳、稳中有进。地区生产总值由2015年的685.8亿元增加至2020年的1197亿元(预计值)。人均地区生产总值由2015年的5.9万元增加至2020年的10.4万元,年均增速12.0%。

区级财政收入由 2015 年的 84.9 亿元增加至 2020 年的 161.6 亿元,由全市第 15 位提升至第 9 位,年均增速 13.7%。全社会固定资产投资累计完成 2100 亿元。"东方美谷"品牌价值超过 110 亿元,获评全国唯一"中国化妆品产业之都"。东方美谷产业规模已达 500 亿元,成为全国最大规模的化妆品产业集聚区,"樱桃红"口红让国庆 70 周年阅兵仪式上女兵英姿飒爽。成功举办三届东方美谷国际化妆品大会,吸引国内外政府机构、协会组织、品牌企业参会 5000 余人次。欧莱雅、资生堂等世界级美妆巨头纷纷落户入驻。打造智能网联新能源汽车"未来空间",建设"上海奉贤智能网联汽车特殊场景道路测试区",建成长三角唯一"大型地下停车库+开放道路+园区"自动驾驶测试场。

产业格局发生深刻变化大背景下,传统制造业、服务业面临跨界整合、强强联合、专业集成的挑战与诱惑。2020 年,投资超过 15 亿,占地面积 100 多亩,总建筑面积超过 17.5 万平方米的爱企谷——现代国际企业社区正式开园。爱企谷的专业定位不同于其他类型经济园区——面对不断发展的网红直播带货潮流,以及 5G 技术在中国的飞速发展,爱企谷看准了行业内缺少专业电商基地的商机,决定投资建设,为直播经济提供一个更优质的平台。正是在这样的大背景下,奉贤职教集团第一次走进产业第一线,直面区域内最先进的经济平台,开始了我们的教师下企业之旅。

(三)集团内中职学校自身转型发展需求

2020 年,奉贤职教集团两所中职学校完成合并,奉贤中等专业学校成为集团内,也是区域唯一一所中专学校。在区教育局、局成职教科领导下,新学校承担起奉贤职业教育发展的任务,对学校的师资力量提出更高要求。为了提升教师的水平,学校高度重视本项工作,校长作为集团秘书长,亲自挂帅,指定教育发展研究室负责,分管副校长参与管理全过程。

二、实施目标

(一)建设高质量实训基地

聚焦奉贤"十四五"发展新目标,夺取发展新高地,面向新经济、新业态,深化产教融合、校企合作,建立有优势互补、资源共享和关系紧密的新型校企合作关系,建设符合区域经济发展动态、符合学校专业发展、符合教师个人成长的教师企业实践基地。

(二)按期完成培训任务

在数字媒体、平面设计和酒店服务等三个符合奉贤区域经济转型发展的专业,安排 10 名专业骨干教师开展为期 30 天的教师企业实践活动,妥善安排,协助教师完成企业实践培训任务,并形成以工作周志、调研报告、教学成果转化等为主要呈现形式的实践成果。

(三)探索校企合作新路径

通过本次培训,探索职教集团层面,依托区位优势开展教师企业实践活动并产生成效的方法和路径,结合各类技能培训,为教师提供优质、便利的企业实践机会。

三、实施过程

(一) 构建新型工作模式

集团委托学校以招投标购买服务方式,落实了项目实施单位,通过集团平台在本地区内遴选优质企业建立实践基地企业,学校对项目实施活动进行全面监管,分阶段进行验收。

(二) 制定实施项目计划

由项目实施企业详细制定项目实施计划并得到集团以及学校方的认可。建立"数字化智能展厅""数字化智能展厅中控系统""酒店服务与智能物业管理"三个组,每组落实一位企业带教师傅,进行全程指导。项目分暑期段(20 天)、开学段(10 天)和总结段(10 天)三个阶段实施。

(三) 加强项目过程管理

跟踪教师企业实践活动,加强考勤、工作周志等过程管理,发现问题及时指导;以成果为导向,重点围绕教学成果转化、企业调研报告和企业实践总结,开展辅导提炼和优化提升。学校组织开展项目启动会、中期推进会和总结会,加强全程管理和工作指导。

(四) 开展后期评价验收

教师根据《企业实践活动工作方案》在项目经理和企业带教师傅指导下进行企业实践活动,通过考勤、实习汇报和提交活动材料和答辩等进行评价,依照《奉贤中等专业学校教师企业实践实施办法》兑现绩效和申报学分。同时,学校按照与项目实施单位签订的合同条款进行验收。

四、实施保障

(一) 组织管理保障

明确集团内相关学校分管校长负责、落实学校教育发展室的科室职能,全面开展教师企业实践项目监管。通过事先制订工作方案、事中强化管理和事后加强考核评价和验收。

(二) 三方合同保障

签订三项合同,即:项目实施单位与学校签订教师企业实践管理委托协议,教师与学校和项目管理企业签订三方协议,项目实施企业与实践基地企业签订教师企业实践委托带教服务协议。确保本次活动有效、有序、平稳、规范运行。

(三) 项目经费保障

以 2020 年奉贤职教集团专项工作推进及层级培训项目为支撑,通过招投标购买服务方式,确保费用规范落实、合理使用。

五、特色与成效

(一)有效落实上级关于教师企业实践文件精神

教育部和上海市教委分别出台开展教师企业实践的文件,提出了具体工作要求和指导意见,把教师企业实践作为中职学校专业教师培养与提升的重要途径。奉贤职教集团每年都会有大量专业教师参加市级教师下企业培训,依然不能够满足教师的专业发展需求,在此基础上,奉贤职教集团牵头依托区域资源优势,精准谋划、遴选区内优势明显的企业开展教师企业实践活动,一方面满足了教师企业实践的现实需求,同时是对市级教师企业实践基地容量不足的很好补充。基地距离培训教师工作生活单位较近的便利性又反过来促进了教师的培训提升需求。

(二)积极探索集团层面教师企业实践工作模式

以 2020 年奉贤职教集团申请了市级专项"建设企业实践基地和开展教师企业实践培训"项目为基础,学校作为需求方,通过购买服务方式,委托专业公司落实项目,以更专业、更规范和更高效的项目管理方式落实职教集团项目。以此为基础,形成"项目实施企业+企业实践基地企业+监管学校"三方协同推动教师企业实践工作模式。

(三)巩固和拓展了产教融合校企合作活动基地

深化校企合作,推动产教融合,是提高专业课程质量、增强办学活力的重要环节,通过本次企业实践活动,学校与企业建立了友好、融洽的关系,在教师企业实践和学生参观、实习和就业等方面达成了很多共识,并为今后开展校企合作奠定良好的基础。以爱企谷企业实践基地为例,公司董事长、上海市生产性企业会长黄庆元先生高度重视与职教集团的合作,不仅在合作中主动加入集团,成为集团内优质企业的一分子,更对实践基地的过程管理十分关心,多次召开专题会议,要求对培训细节保证到位。来自企业基地的关心重视,使得本次培训实践过程十分顺畅,教师收获颇丰。

(四)教师完成了企业实践任务形成阶段性成果

本次活动安排了 10 位教师,历时 5 个月(合计 40 天)圆满完成了教师企业实践活动并都顺利通过考核。同时,形成企业实践学习计划、企业实践工作周志、教学成果转化案例 10 个、调研报告 10 个和课题 2 个,以及个人实践工作总结等资料。

对教师而言,本次教师下企业实践,也对他们自身专业成长尤其是对行业、企业的认知了解领域,增加了厚重的知识储备。以奉贤中专数媒组徐萍老师亲身感受为例,在实践开始前,她带着这样的思考:数字媒体技术可以做什么? 企业需要什么样的数媒专业人才? 作为教师应该向学生传授什么样的数媒专业知识? 数媒专业的学生作品应该符合什么样的标准？我们应该培养什么样的学生？在实践中，她从问题出发，认真观察，随后马上被行业最新动态，以及真实的工作场景所吸引，在企业带教老师的帮助下，通过召开座谈会、参观、培训、小组讨论等方式，参与展厅布置、展厅各类电子屏使用、展厅解说等方面的工作。同时，结合自己的实践工作内容，重点落实奉贤职教集团（奉贤中专）为主题的数字主题展及企业实践成果转化。企业也给他们布置了任务——快速且全面地在展厅布置一个活动，包括需要的前期准备，如解说词的撰写、收集素材、不同屏适合展示的内容等；中期展示时设备的使用方法，如何全屏和分屏的切换；后期设备的维护等。徐萍老师团队5位教师，圆满完成考核任务，并在任务中了解了企业对数媒专业学生在知识结构、职业道德、职业素养等方面的具体要求。

六、体会与思考

（一）明确教师企业实践的重要性

教师企业实践是提高师资队伍建设的重要环节。一方面让教师围绕新技术、新工艺、新材料，在知识技能等方面跟上行业发展的步伐；另一方面通过教学成果转化等方式进行总结和提炼，在专业课程教学中进行补充，使专业教学更加贴近行业和岗位。企业实践过程中需要发挥教师的主观能动性，通过勤观察、勤思考和善提炼，才能取得预期的效果。徐萍老师在本次教师实践中，深刻体会到这一点。她指出，今后要尝试把企业文化引入学生德育教育，灌输按劳取酬、多劳多得、不劳不得的思想。教导他们无论在什么地方都要遵守纪律、遵守时间、遵守规章制度。培养他们学好专业技能、树立刻苦钻研精神、在社会上和企业里要有务实精神和创新精神。以企业员工标准加强教育。也发现了自身的缺点：在下企业时发现视频和平面类图片等是展厅展示的主要内容。目前开设的专业课偏重视频，其实平面设计也同等重要，今后要加强点平面设计类课程。中职生学习习惯差，但动手能力并不差，他们不喜欢老师在课堂上啰嗦，他们更喜欢老师放手，让他们在做中学、在学中做。这其实是对老师提出了更高的要求，这个放手不等于真的放任自流，而是教师要设计好每次课堂教学，让学生既掌握新知又增强技能。开发校本教材重要性日益凸显，教材应以一个个案例呈现，可以把企业真实的案例引进来，让学生体验真实的工作任务，增加信心。

（二）提高教师企业实践的针对性

企业实践活动要有针对性，不仅要聚焦行业新技术、新工艺和新岗位等新情况，而且要和中职专业课程具有一定关联度，使教师企业实践活动有基础，能提高、有进步。所以选择合适企业、对接合适岗位是成功开展教师企业实践非常重要的一环。奉贤中专酒店组孙鑫老师虽然担任酒店专业组的课务教学，他在国外求学时的专业跟酒店几门核心课程关联度并不大，因此只能教授普适性课程，但是在本次的岗位实践中，他找准专业契合度，将思维导图推演法应用到教学中，在教学研究上，获益匪浅。他结合"爱企360云智付智慧系统"的学习实践,撰写了一篇题为《思维导图在中职软件类内容教学中的应用探究——以"云智付智慧系统"学习为例》的成果转化论文,也不忘教师的本职,完成了课题为"CMR 系统的一般模型"成果转化教案。在最终结尾的分享汇报会上,孙鑫老师向我们展示了利用思维导图推演法来推进 CRM 工具管理客户的流程,赢得大家赞赏。

(三) 加强教师企业实践的科学管理

教师企业实践往往流动性大、时间长,岗位多、差异大,相对管理难度大。要加强过程性的管理与成果导向的结果评价结合,并与绩效和职称晋升挂钩,激活教师企业实践内在动力,营造科学合理的外部政策环境。

创新培育家庭农场　创业助推乡村振兴

——崇明职教集团实行农科教结合开展新型农民职业培训

上海市崇明区职业教育集团　沈　斌

摘　要：上海市崇明区职教集团常务理事单位新村乡成人学校与乡农技推广中心从 2016 年起携手合作，结合崇明区新村乡产业基础，确定稻米产业为发展导向，推行绿色生产方式，以农业增效、农民增收为目标，不断培育、规范家庭农场的发展。通过对家庭农场主的培训，把他们培养成为爱农业、懂技术、善经营、守法规的新型职业农民，成为推动现代农业产业发展、实现乡村振兴的主力军。

关键词：实行农科教结合；开展新型农民职业培训

我国作为农业大国，历来重视农业发展，中央一号文件连续 14 年聚焦"三农"问题，特别是中共中央办公厅国务院办公厅于 2019 年 2 月印发《关于促进小农户和现代农业发展有机衔接的意见》中明确提出："启动家庭农场培育计划，培育一批规模适度、生产集约、管理先进、效益明显的农户家庭农场。"按照市、区两级乡村振兴总体要求，崇明区职业教育集团与新村乡成人学校及乡农技中心从 2016 年起携手合作，结合崇明区新村乡产业基础，确定稻米产业为发展导向，推行绿色生产方式，以农业增效、农民增收为目标，不断培育、规范家庭农场的发展。通过对家庭农场主的培训，把他们培养成为爱农业、懂技术、善经营、守法规的新型职业农民，成为推动现代农业产业发展、实现乡村振兴的主力军，有着十分重要的意义。

一、实施背景

崇明区新村乡地处崇明岛西北面，于 1968 年围垦形成，区域总面积 32 平方公里，以往主要以农户种植常规水稻品种和其他农作物为主，与优质水稻品种相比较，常规品种缺乏市场竞争力，产品的价值难以得到提升，经营者的收入得不到明显增长。近五年来，新村乡党委政府拓宽发展思路，结合新村实际，积极开展产业结构调整，努力发展家庭农场，依托崇明区职业教育集团常务理事单位新村乡成人学校这个教育科研平台，乡农技推广中心的技术优势，以培育新型农民、优化产品种植、强化市场营销、延伸产业发展四大课题,进一步实现产业发展的"规模化、机械化、专业化、标准化、品牌化、市场化"。着力培育家庭农场,助推乡村振兴产业发展,做好、做强新村稻米文化小镇。

二、实施目标

崇明区职业教育集团常务理事单位新村乡成人学校积极发挥社区教育的优势,发挥教育为农业产业服务的功能,积极依托乡农业技术推广中心技术优势,开展家庭农场主的培训,通过对家庭农场主的教育培训,解决家庭农场发展的困境,增强家庭农场主应用农业新技术的能力,提升他们的综合素质,让他们通过教育培训增强致富能力,体验优先发展家庭农场带来的成就感和幸福感,成为农村新型经济经营模式的受益者,打造更加规范、具备生态理念的水稻种植型家庭农场。

三、实施过程

(一) 培育对象

(1) 新村乡地域内的家庭农场主、家庭农场成员。
(2) 新村乡地域内的农村专业合作社负责人及雇佣人员、种粮大户。

(二) 培育内容

家庭农场主是生产经营型新型职业农民。发展家庭农场,中央有要求、产业有需要、农民有愿望,开展有针对性、实用性、时效性的家庭农场主培训,加强家庭农场主队伍建设,是农业产业化发展的需要,是转变农业发展方式的需要,是构建新型农业经营体系的需要。

因此,崇明职业教育集团常务理事单位新村乡成人学校组织对家庭农场主及其成员,合作社负责人及雇佣人员、种粮大户培训,培训内容有新型职业农民素养、涉农政策法规、农业生态环保、绿色水稻增产增效攻关模式、水稻标准化种植技术技能、水稻质量安全、稻米品牌化经营、"互联网+"市场营销,考核办法等。培训中,我们避免了总体培训时的"大而全",针对不同的人员,实现"小而精",从而提高培训的实效性。

崇明职业教育集团常务理事单位新村乡成人学校在对家庭农场主及其成员、合作社负责人及雇佣人员、种粮大户培训中,联合新村乡农业技术推广中心,邀请崇明区农业农村工作委员会水稻经营专家来新村乡作专题讲座,围绕家庭农场规范申报、诚信经营、规范农业补贴等方面内容进行授课,着重强调近年来水稻机械化种植的优势,并以全区层面发生的不规范农业补贴典型案例进行分析和通报,通过详细案例讲解和实地的参观,增强家庭农场主的经营理念、信心和法律意识。

新村乡农业技术推广中心领导在培训过程中,根据新村乡产业结构发展的特点,引导优质经营主体通过家庭农场、合作社、种粮大户等形式整合本地资源,增强产品的市场竞争力,以"做强、做精"的思想为指导,走出一条产业化发展的道路。随着农产品市场的竞争,农产品种类和品牌出现"爆炸式增长",消费者的可选择度越来越多,生产者获得消费者的"选票"难度越来越大。因此,新村乡成人学校老师在培训中强调家庭农场主要想打开市场,只有提高稻米的质量,打出自己的品牌,才能吸引消费者购买。只有以优质水稻种植为基,把好种植关,实行绿色生态种植,提高产品品质,才能增强产品的市场竞争力。

传递绿色发展新理念是家庭农场主培训的重要内容。"十三五"规划建议指出:"绿色是永续发展的必要条件和人民对美好生活追求的重要体现。"因此,新村乡成人学校老师在对家庭农场主、合作社、种粮大户等相关人员培训时,还强调要不断实现和改变农业单纯种植水稻的功能,发展观光、体验农业,循环农业,拉长产业链。要求将水稻秸秆进行还田或资源化收集利用,变废为宝,提高农产品品质和农业经济效益、生态效益;还要求在乡党委政府的指导下,各家庭农场要根据自家的实际能力,开发绿色农业、观光农业、旅游农业、体验农业,拓宽农业增收渠道。

增强新型职业农民的法律法规意识。新型职业农民要具备基本的法律素质,既要尊法、知法、守法,还要学会用法律的武器维护自己的合法权益。所以,新村乡成人学校加强了法律、法规知识培训,增强新型职业农民的法律意识,让广大家庭农场主深刻理解国家的方针政策,这对他们来说能够维护自身利益,对于农村生活稳定也有重要的意义。

市场营销策略培训,也是家庭农场人员培训内容之一,它既能拓宽家庭农场业主的思路,更能达到家庭农场增产又能增收的目的。我们适当地选择一些国内优秀的农业生产管理和通过互联网＋、市场营销等多种知识作为培训内容,让家庭农场融入市场经济环境中,从而更加理性、科学地完成自我经营的制定。

家庭农场是乡村振兴的主力军,通过职业教育与培训,增强其种植技术能力、经营管理能力、法律法规意识,才能在保障农场主权益的基础上,实现农业经济的快速发展。

四、实施保障

(一)加强培训组织领导

集团成员单位新村乡成人学校与新村乡农业技术推广中心组成培训工作领导小组,集团派专人指导和定期召开培训工作推进会,总结和推广好的做法。

(二)政府给予政策扶持

崇明职教集团常务理事单位新村乡成人学校与崇明区农业农村工作委员会相关部门制定了几十种农业标准化生产技术规程。以这些规程为基础,围绕政府"一袋米"工程的要求,给予家庭农场、农村专业合作社发展政策倾斜。

(三)充实扩展培训内容

崇明职教集团与新村乡农技推广中心联合开发了《优质水稻种植》《田间管理123》《科学

经营农产品》《家庭农场与专业合作社内部管理》等 9 门农技知识与经营管理的培训教材,充实和扩展培训内容。

(四) 配置培训活动场所

集团支持下的镇成人学校建立了专对家庭农场、农村专业合作社培训学习点,投入资金建造培训专用教室两间,计 100 平方米,配备有投影仪、音响等多媒体教学设备,新添置课桌椅 70 套,教室南面还辟有 500 平方米绿地和长廊,作为大家讨论和交流活动的场所。

(五) 专家现场培训指导

崇明职教集团成员单位新村乡成人学校邀请农技专家讲座,还有技术人员入户、进田间培训指导,特别是通过深入田间地头,直接面对农民进行讲解、示范、操作和解答等培训,更突出针对性和可操作性。

(六) 建立灵活培训方法

包括建立示范户观摩、家庭农场之间互帮互学。灵活的培训方法可概括为"四入培训法",即培训要做到"入场、入户、入田、入脑",让他们获得实实在在的知识。

(七) 创导文化活动型培训模式

围绕乡村振兴建设、生态文明建设等主题,注重宣传载体的建设。通过举办科普讲座、知识竞赛、先进家庭农场和优秀种粮大户评比等活动,培育家庭农场和种田大户的合作精神和综合素养。

(八) 搭建互联网微信培训平台

建立以移动通信(微信群)等为基础的学习与培训平台,参加乡农技中心技术培训,能快速有效地掌握和解决农业生产中的技术问题,并进行针对性的指导和教育。

五、特色与成果

三年来,崇明职业教育集团通过对培育家庭农场、种田大户成员的培训,增强了他们适应现代农业发展要求的意识和能力,帮助他们走上一条发展绿色生态现代农业的可持续道路,取得比较明显的成效。

(1) 通过培训指导、政策扶持和跟踪服务等系统培育,打造了一支技能水平高、经营能力强、带动作用大的家庭农场主队伍,切实增强了他们生产经营管理能力。

(2) 通过培训指导,改变了家庭农场的经营模式,发展了乡村旅游、休闲农业。在提高水稻种植附加值的基础上,进一步促进农旅结合,完善了旅游配套,开发休闲项目,吸引广大市民下乡观光旅游。例如,全国文明村——新中村,他们以稻米文化有限公司为依托,联合当地家庭农场主,打造特色水稻种植园,种植五彩水稻,建造观景台供游客登临观赏。新村乡人民政府还为家庭农场搭建展示平台,为青少年建立实践基地,将原有废弃的收花站改造成新村乡稻米文化中心，将原来的粮站，改造成米食文化中心，这样既可以提高新村乡特色农业知名度，又能创造家庭农场新的经济增长点，发展好专业化、高效化、规模化的新村乡现代特色农业。

（3）通过培训指导，增强了家庭农场主、农村专业合作社对农业生产和产品销售等各个环节涉及的法律法规的意识，提高农业生产规范性，确保种植农产品的质量，诚信经营也成了新村乡家庭农场的一大亮点。

（4）通过培训指导，他们大多实行了城村结对、网络销售等模式来销售大米，让精品大米走入高端消费群体。如新乐村家庭农场主施叶飞，他们生产的优质大米，通过城村结对、网上营销，每年销售精品大米 27 万多斤，净收入 60 多万元，与此同时，他还为其他家庭农场主销售大米，共同提高收入。除此以外，新村乡党委政府引进优质经营主体——好米畈，对家庭农场优质稻谷进行收购加工，通过与一条生活馆、叮咚买菜等知名互联网公司合作，帮助家庭农场销售优质大米，以扩大新村大米的知名度，从而赢得更多客商。

通过三年的努力，新村乡生产的大米，先后获得了绿色食品认证、市级示范家庭农场等证书，并注册了"新村香"田园米产品商标。

六、体会与反思

对专业农民开展职业培训，为促进生态产业发展和现代农企业建设服务，是农村职业教育一项长期的根本任务，是崇明生态岛建设的题中之义，是建设美丽乡村的客观需要，是农业现代化对职业教育的迫切要求，具有重要的现实意义。

在取得成绩的同时，我们还清醒地认识到，崇明职教集团还要积极参与和加大培训力度和深度。要加大家庭农场先进典型和品牌的培育、宣传力度，发挥家庭农场在乡村振兴中的主力军作用。落实到具体行动当中，就是：首先，要做好营销前的各种配套设施的完善，把好贮藏、加工、包装、物流关，并且对大米进行统一标准，统一定价，使大米在市场上更具竞争力。其次，通过联系结对单位、销售平台等，探索并扩大电商平台进行互联网销售，展示销售新村乡大米。在此基础上，探索举办农产品进社区、进超市，农产品进直营店，召开农产品品介会等，将新村乡大米多途径推介给广大消费者。我们将紧扣新村特色产业和资源禀赋，将稻米产业做大、做精、做强，培育发展家庭农场，以产业兴旺助推崇明的乡村振兴。

崇明职教集团决心再接再厉，以此为契机将培训工作所取得的成效放大和辐射到其他社区，不断加强专业农民的职业培训，为促进世界生态岛建设和生态产业的发展作出应有的努力。

以论坛促教科研　提高职教质量
促进区域经济发展

上海宝山区职业教育集团　蒋慧雯　顾海云

摘　要：职业教育的性质决定着职业教育必须要从实际的经济需求出发，做到与区域经济同步前进。所以探讨发挥职教集团优势，协调区域内职业院校适应区域经济发展的问题就显得特别重要。通过近年来的试点，在集团、行业协会、院校、企业之间构建起一座相互沟通、协调、探讨的桥梁，以论坛促进专业发展，提高人才培养质量，更好地服务区域经济发展需要。

关键字：区域经济；职业教育；跨境电商

一、实施背景

2020年，为了进一步推动经济发展，电子商务作为线上平台，成为构建国内国际双循环相互促进的新发展格局推手。宝山区职业教育集团也正是瞄准该专业的就业前景、市场前景，加强专业开发、提升专业内涵建设，以论坛促教科研，提高职教质量，促进区域经济发展。集团已连续四年举办跨境电商论坛（前三届"长三角跨境电商论坛"），今年借助抖音直播号、腾讯会议号、哔哩哔哩直播三个平台线上举办"全国职业院校数字经济与跨境电商教学论坛"。这次论坛完全开发集团内部资源，邀请了中国出入境检验检疫协会数字经济与跨境电商专业委员会、上海市电子商务促进中心、涉足"电子商务"企业及各院校代表，共同研讨这一领域的教学特点、成果及前景。通过论坛在集团、院校、企业之间构建起一座相互沟通、协调、探讨的桥梁。对接企业实际所需、社会所需，由集团携手三方共商"电子商务"专业培养目标，量身定制培训方案，并形成合力完成"电子商务"专业人才培养。

二、实施目标

落实《上海市职业教育条例》，凸显"跨境电子商务"专业优势和对建设现代化滨江新城的人才支撑作用,并辐射至整个长三角地区乃至全国,提升"跨境电子商务"专业知名度和实用性;大力推进校企合作、产教融合,形成学校、社会和企业一体化、大职教的办学格局,以"引起入校"为切入口,创建院校内部"跨境电子商务"相关企业,为学生实践创造更好的环境;改革院校办学模式,做精做强"跨境电子商务"专业建设,探索"普职成"融合,促进社会培训、成人教育整合发展,将"跨境电子商务"渗透到社会的各个角落,拓展其实用性;进一步改善办学条件,提高"跨境电子商务"专业与课程对产业与社会发展的适应性,打造"跨境电商务"成特色专业与特色课程,加强双师型职业教师队伍建设,整合资源,优化人才培养模式,扩大"行知职教品牌"效应,努力使"跨境电子商务"专业成为魅力宝山、智慧宝山和市民生活都离不开的特色专业。

三、实施过程

(一) 举办职业院校数字经济与跨境电商教学论坛

2022年职业院校数字经济与跨境电商教学论坛借助抖音直播号、腾讯会议号、哔哩哔哩直播三个平台线上举办。邀请中国出入境检验检疫协会数字经济与跨境电商专业委员会、上海市电子商务促进中心及各院校代表,走进直播间,向全国直播整个论坛过程,从"跨境电子商务"专业市场前景、就业形势、人才需求、专业特色和亮点等几个方面研讨,推进"产教融合、校企合作",以立德树人、培育宝山工匠精神为根本任务,培育"跨境电子商务"领域技术型人才。

(二) 加强电子商务类专业"双师型"教师队伍建设

每一届"论坛"期间举办一期"高级跨境电子商务师"师训班,学期满经鉴定合格后颁发中国电子商务协会鉴定证书,为"跨境电子商务"专业师资队伍建设画上浓墨重彩的一笔;为中高职院校专业开发、专业建设奠定基;提高"普职成"融合度,吸纳区域内成校教师参与师训班,为构建社区教育新型项目,凸显老有所学提供有力保障;积极推进体现"终身教育"理念,辐射广大市民的现代职业教育体系。

(三) 关注论坛推进衍生工作,助推区域经济发展

1. 拓宽成人教育培训渠道,提升企业员工职业技能

由宝山区职业教育集团向区人力资源和社会保障局(集团理事单位)申请,将"跨境电商运营专员"纳入区级补贴培训项目。在各园区及集团企业会员单位广为宣传,招收相关企业员工参加"跨境电子商务师"培训,使企业员工"回炉重造"成为可能,有效增强企业员工职业技能,提高工作效率,助推区域经济发展,凸显集团"服务社会"之功能。

2. 招收职业院校毕业生培训,为人才储备打通渠道

对接"1+X"证书制度试点,职业院校积极参与"1+X"证书制度建设,逐步将取得职业资

格证书或技能水平评价证书,作为职业学校学生毕业的必要条件。鼓励和支持学校、校企合作的企业申报"1+X"证书制度试点的培训评价组织,开发和推广相关职业技能等级证书。所以,由集团发起,在集团范围内招收中高职院校应届毕业生参与"跨境电商运营专员"培训,鉴定合格后颁发证书。在目前市技能鉴定中心取消相当数量技能等级证书背景下,无疑为学生创造拿证的机会,为增强毕业学生就业竞争力,完成人才储备畅通了渠道,从而促进区域经济的发展。

3. 以赛促教、以赛促学、赛出风格、赛出水平

举办"第三届职业院校跨境电商技能大赛",赛出风格、赛出水平、展现中高职学生风采。在比赛中总结得失,调整教学方式、方法,帮助学生掌握更多的知识技能;在比赛中找到差距,取长补短,学以致用,使自己更上一层楼,成长为技术型人才,为国家建设添砖加瓦。

4. 试点举办衍生专业"电商运营与直播"培训

作为"跨境电子商务"专业的衍生专业,"电商运营与直播"应运而生,在同平台基础上增加"直播工作室"即可完成培训要求,首届还是以师资培训为主。先培训一支强有力的师资队伍来,再逐渐将培训扩散至各院校学生,增强学生职业能力。在"大众创新,万众创业"感召下,完全具备自主创业条件,带动国内循环,拉动内需,促进区域经济发展。这一点已经在集团牵头学校上海市宝山职业技术学校举办的每年一次的商贸节上得到了验证。

四、保障措施

(一)加强职业教育集团化办学的统筹协调

在宝山区职业教育集团领导下,完善和健全集团服务功能。成立技术支持工作组,配套保障"论坛"及高级师训班技术服务、技术支撑;成立"论坛"领导小组,通过举办"论坛"加强协调、形成合力,加大对跨境电子商务专业的规划、建设、内涵提升和督导评估力度,引导、支持、促进"跨境电子商务"专业的发展。

(二)多渠道、多层次、多形式做好宣传引导

着力改变社会各界对职业教育的偏见,进一步贯彻、落实《国家职业教育改革实施方案》和全国教育大会精神,健全多渠道、多层次、多形式宣传工作,加大力度推广"跨境电子商务"培养模式,加强入校企业建设,增强职教基础能力。

(三)保障每年度"论坛"专项工作经费投入

作为宝山区职业教育集团一项常规工作,每年年初就将"论坛"作为专项工作列入预算。并严格按照财务制度进行跟踪,确保经费有效落实,完成"论坛"预期目标。

(四) 推进职教治理体系与能力现代化建设

宝山区职业教育集团牵头,以章程为依据,把职业教育改革发展纳入议事日程,完善管理制度和规范体系。牵手有条件的职业院校与校企合作的企业建立行业企业咨询协商机制,建立行业企业等办学相关方参加的学校校务会机构,参与审议学校重大事项,把"跨境电子商务"专业作为新时代特色专业加以建设。

五、特色与成果

(一) 强化教材教法课程建设

适应"互联网+职业教育"发展需求,加强校企合作开发专业教材;推动现代信息技术与课程教学的融合,建立专业教学资源库和在线开放课程,拓展便利教学平台。组织编写跨境电商系列教材(已列入复旦大学出版社2021年上半年出版计划):《跨境电商支付》《跨境电商实务》《跨境电商西班牙语》《跨境电商物流》《跨境电商实务——多平台营运实操基础》《跨境电商英语》《跨境电商视觉设计》《跨境电商营销》。目前已经交稿的有《跨境电商支付》《跨境电商实务》《跨境电商西班牙语》。组织"跨境电商实务"精品课建设。参与人员不仅包括专业教师还包括企业专家。并完成52个视频共计467分钟的拍摄,并且完成视频和教学资源上网上线。

(二) 探索尝试"引企入校"新路子

集团注重人才培养,培养人才要符合企业所需。院校是培育人才的摇篮,如何打造一批批符合企业所需的人才队伍,一直是集团与院校共同努力的方向。为了实现培养人才与企业需求零距离对接,必须在学生求学期间就提供身临其境的实训环境,让学生在企业环境中逐渐成长、历练、蜕变,才能以主人翁的态度投入社会大怀抱中去,发挥自身特长,为社会多作贡献。宝山区职业教育集团以邦德学院"跨境电子商务"专业为试点,以"全国职业院校数字经济与跨境电商教学论坛"为切入口,积极联络相关企业,由上海邦德学院落实场地、设施、设备改造,将上海跨境电商生态链联盟、沈跃华跨境电子商务工作室引进校园内。为跨境电商专业学生提供更多实训岗位。产教融合,以最后独当一面的操作评判学生技能水平是否符合企业需求,标准明确,结果考核体系完整。也为企业带来了实惠和利润,更是集团"资源共享,互惠共赢"原则的体现。集团以这一成功案例辐射其他职业院校,在有条件的基础上尝试"引企入校"新举措,多一种人才培养的途径。

(三) 校企合作开发培训认证平台

宝山区职业教育集团牵线,促成上海邦德学院与"杭州千格源科技有限公司"合作,合作开发"中国数字经济与跨境电商培训认证平台",此平台用于跨境电子商务师的在线培训与认证。今年举办的第三届全国职业院校跨境电商技能大赛利用这个平台进行。同时为师资队伍培训、学生培训认证提供了保障。

（四）加强沟通联络推进产教融合

通过论坛，建立企业与院校沟通联络纽带，培育和认定一批区级产教融合型企业，促进其在现代学徒制、"1＋X"证书制度、专业建设、实训基地共建等多方面深入参与职业教育。推动校企共同投入、辐射区域和学校、服务学生培养和职工培训的产教融合实训基地。加强职教集团内涵建设。

六、体会与思考

在"十三五"收官和"十四五"起航的历史交汇点上，宝山区职业教育集团还有很漫长的路要走。在新的历史起点上，集团作为引领宝山区职业教育的发展，在探索高技能人才培养模式助推区域经济发展的同时，还要以"论坛"促成"跨境电子商务"高质量发展为典型案例，权衡各专业特色建设，对接社会所需，培养一批批应用技术型人才，真正完成技术型人才储备大计，推进经济的发展，因此有必要思索这几个问题：

（一）动态优化专业结构布局

对接宝山产业结构调整，优化职业教育专业布局，引导学校加强区域有需求、行业有地位、全市有影响的专业建设。加紧布局机器人等人工智能、汽车船舶等智能制造、邮轮旅游等战略性新兴产业与先进制造业，以及家政、养老、护理、学前教育、酒店管理等民生事业领域和现代服务领域的相关专业，调整停办部分不符合经济社会发展需要或重复设置率高的专业。

（二）建立职教与区域经济联动机制

深化产教融合，促进教育链、人才链与产业链、创新链有机衔接，统筹规划产教融合的政策措施、支持方式、实现途径和重大项目。根据产业发展、人力资源需求等，灵活调整招生政策和专业设置，促进技术技能人才供给与需求的紧密对接。

（三）加强应用型人才培养体系建设

完善技能人才贯通培养机制，稳步扩大贯通培养规模，持续提升贯通培养质量，使贯通培养试点成为宝山职业教育人才培养的主要模式与方向。技能、学力增强多需要贯通模式不断扩大，目前集团内中职学校已经成功与各类高职院校贯通成功，更有上海震旦职业学院五年一贯制（初中起点）培养模式做试点，只是面还有待拓宽，规模还有待进一步扩大，才能进一步拓展和夯实高质量应用型人才培养基础。

（四）注重职教集团化三支队伍建设

1. 注重职教集团专职师资队伍建设

按照市教委要求，中职教师区级学分培训纳入属地化管理，集团自然担负起宝山区范围内六所中职学校所有教师区级学分培训任务。针对中职教师特殊性——专业性强，与区教育学院师训部多沟通、多协调，在如何开展中职教师师训问题上统一标准。"十四五"师训在即，反思"十三五"师训出现的问题，集团应集思广益创造更多途径，多元化地为中职教师解决个人师训问题，帮助他们顺利完成全国教师资格培训，更好地开展教育教学工作，为应用型人才培养贡献力量。

2. 注重职教集团兼职师资队伍建设

按照市教委特聘兼职教师的资金支持项目的政策，做好职业学校特聘兼职教师的申报、聘用及管理工作；集团内需更严格要求各校做好所聘兼职教师教科研工作，统一思想、钻研教学教法、言传身教、服务学生。

3. 注重职教集团联络员队伍建设

必须提升联络员重要性，他们是集团与院校会员单位、企业会员单位之间的纽带，脱离了他们集团工作将无法落实。因此要多组织一些团建活动，增进彼此的了解；多组织几次考察学习外区职教集团、院校、企业前瞻性工作，开阔视野、更新理念、转变思路服务于本职工作；多召开几次联络员会议，统一思想、民主协商、形成合力，凝聚大家智慧，群策群力办好宝山区职业教育。

建机制搭平台　促进职业教育"长入"地方经济

——上海市普陀区建设职业教育产教融合校企合作基地实践案例

上海市普陀区职业教育联盟　殷时余　徐　骏

摘　要:普陀区职业教育联盟坚持"开放融合,服务发展"理念,探索创新产教融合校企合作机制,遴选区内职业学校重点专业与重点行业头部企业合作对接,建立职业教育高水平专业化合作基地,促进职业教育更好"长入"地方经济,努力增强普陀区职业教育的适应性与贡献力。

关键词:职业教育;产教融合;校企合作基地;案例

一、背景:教"热"产"不热",职业教育产教融合遇到尴尬

"现在国家积极倡导职业教育产教融合校企合作,我们认为非常好、很对路子,但职业学校苦于找不到合适的合作企业,有兴趣来合作的大多是看中实习学生廉价劳动力。"

在 2019 年普陀区职业教育联盟校企合作对话会上,一位中职学校领导感慨:政府产业部门和行业优秀企业对职业教育(尤其是中等职业教育)并不太感兴趣,产教融合校企合作遇到了"剃头挑子一头热"的尴尬。但在走访调研区内行业企业的时候,联盟负责人又经常会听到"很难招到合适的人才""学校教的东西不太实用""年轻人职业忠诚度不高""人才留不住"等诸多抱怨。不少负责人表示现在企业招聘成本越来越高。

如何增强区域职业教育的适应性、更好"长入"经济、"汇入"生活、"融入"文化、"渗入"人心呢? 在上海市教委职教处的指导下,在上海市教委教育技术装备中心的组织管理下,经过广泛调研和专家指导,普陀区职业教育联盟从 2019 年起探索建设区职业教育产教融合校企合作基地,为密切区内职业学校与骨干企业合作搭起一个平台。

二、探索:建机制搭平台,让职业学校与骨干企业"一起玩"

为推进和保障基地建设,普陀区职业教育联盟探索形成基地建设工作方案、基地遴选标

准、基地建设绩效评价标准和专项支持经费使用管理办法等系列化制度,努力让区内职业学校和行业优秀企业"在一起好好玩"。

(一)基地建设模式

1. 基地遴选:坚持"四有"基本标准与"自愿"合作原则

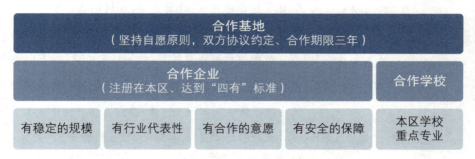

▲ 图1　普陀区产教融合基地建设模式

2. 建设内容:聚焦"六方面"内容、实现"三对接"目标

联盟研究制订基地建设工作方案,引导和鼓励学校与合作企业围绕高素质技术技能人才培养模式改革进行探索实践,努力实现学校教育、企业发展,以及区域经济社会转型升级等多赢的局面。

▼ 表1　普陀区产教融合基地建设内容与目标

序号	聚焦"六方面"合作内容	实现"三对接"目标
1	企业生产需要与学校专业建设	促进学校专业建设与区内行业骨干企业发展对接,增强职业教育与区域行业企业发展融合
2	企业品牌影响与支持教育事业	
3	企业技术骨干与学校骨干教师	促进学校"双师型"教师与行业大师企业骨干对接,增强教师团队与企业人才的互动交流
4	在职员工培训与学校资源共享	
5	企业人才需求与学生实习就业	促进学校"工学交替"实践与企业人力资源建设对接,增强学生实习就业与企业人力资源共享
6	企业文化建设与校园文化交流	

3. 建设评价:年度绩效考核、三年项目验收

联盟组建产教融合校企合作指导专家团队,研究制定产教融合基地运行评价标准,评价指标包括基础管理、项目成效以及附加指标三大板块共22条具体要求。

▽ 表 2　合作基地运行绩效评价指标(试行)

一级指标	二级指标		具体考核要求说明
基础管理考核 30 分	项目管理 10 分	1-1　运行机制完善(4分)	1. 校企双方安排有专人负责,有相应的运营支持团队(2分)
			2. 项目运行机制健全、管理制度规范,实际运行有效(2分)
		1-2　项目管理有序(6分)	3. 项目实施目标明确、设定合理,计划举措清晰可行(3分)
			4. 项目计划推进有序,过程管理资料齐全、可核查(3分)
	资金管理 20 分	2-1　资金专账管理(7分)	5. 项目经费应单列账户核算,相关核算准确、规范(4分)
			6. 按时上报项目年度预决算且应保证得到有效落实(3分)
		2-2　资金使用规范(13分)	7. 资金使用情况明细列支清晰,费用支出符合规范要求(6分)
			8. 会计凭证符合财务规范要求,相关附件资料(如发票、物料清单、供应商协议等)齐全有效、清晰完整,证据有效(4分)
			9. 严格执行专项资金使用管理规范,双方协商沟通及支付审批等过程性资料完整有效(3分)
项目成效考核 70 分	校企合作探索 30 分	3-1　合作机制建设(20分)(三选二)	10. 探索校企师资互聘机制,完成至少 2 名师资互聘,并有相关聘用合同及相关授课记录(10分)
			11. 建立双师型教师实践基地,安排教师到企业参加岗位实践(不少于 2 周/年)(10分)
			12. 校企双方开展(教师及企业技术)骨干专项对话会(不少于 2 次/年)(10分)
		3-2　合作成果成效(10分)(二选一)	13. 校企双方通过组织专业研讨会等方式,共同探究行业发展前景并取得相关研究成果(10分)
			14. 校企双方共同开展科技研发、技术攻关、学科建设等合作性项目(10分)
	人才培养贡献 40 分	4-1　培养模式实践(20分)(三选二)	15. 建立培养基地,共建多样化人才培养模式,并在项目开展过程中持续创新优化(10分)
			16. 校企协同开展专业建设,深入研讨新课程、新专业、新的教学方式方法等,助力学校教师专业水平的稳步提升(10分)
			17. 校企双方共同开展科研攻关或技术改进,协助企业解决生产经营中的困难,提高企业员工的专业技能水平(10分)
		4-2　协同育人成效(20分)(二选二)	18. 企业为学校提供工学交替、顶岗实习、毕业生就业等机会(不少于 30 人/年)(10分)
			19. 校企双方合作开展行业、企业在职员工培训(不少于 50 人/年)(10分)

续　表

一级指标	二级指标	具体考核要求说明
附加项30分	5-1　支持联盟工作	1. 积极参与区职业教育联盟的相关工作,如名师工作室、职教创新实践基地建设、职业体验活动等(10分)
	5-2　特色创新经验	2. 项目在技术研发、合作模式、人才培养等方面有新的突破和创新,或取得与项目相关的知识产权,或在专业期刊上发表相关学术成果,或有相关研发成果产出等(10分)
	5-3　突出成果贡献	3. 项目合作内容获得区级或行业奖励或在区级以上竞赛中获得奖项和荣誉等(10分)

4. 支持政策：对接国家和上海地方政策,配套专项资金扶持

联盟梳理国家和上海有关产教融合扶持政策清单,主动对接区发改委、区人社局、区财政局、区总工会等部门,将"推进产教融合校企合作基地建设"纳入《普陀区深化推进产教融合行动方案》,积极为合作单位争取扶持政策。

联盟每年安排产教融合基地建设专项经费,对立项的基地按每年20万元给予建设经费支持。同时,区教育局、区人社局、区总工会和区财政局在安排使用地方教育附加专项经费时,对参与产教融合基地建设企业予以优先支持。

(二) 具体推进举措

1. 调研先行,试点推进

2020年6月,联盟成立项目建设调研小组,组织区内职业学校领导和有关企业负责人到江苏太仓、云南昆明,以及上海市内、区内相关产业园进行走访调研,聆听行业企业的想法与诉求。

经调研考察和专家指导,联盟制作产教融合基地建设工作方案、企业遴选标准、基地运行绩效评价标准和专项经费使用管理办法等机制文件(简称"一方案、两标准、一办法"),并于2020年11月遴选启动波克科技股份有限公司和上海点掌文化传媒股份有限公司与上海信息技术学校合作开展产教融合基地建设试点。

2. 宣传发动,专家论证

2020年12月,普陀区教育局将职业教育产教融合基地建设列为区教育"十四五"发展规划重点项目。2021年2月,联盟召开常务理事会暨区内职业学校校长会议,举行首批产教融合基地建设试点授牌仪式,积极宣传动员区内职业学校和相关行业企业合作。2021年6月,联盟举行第二批产教融合基地项目评审交流会,聘请专家和相关企业负责人参与论证指导。

"十四五"期间,联盟将分三批遴选建设10个左右职业教育产教融合基地,力争培育8—10个上海市市级产教融合型企业。

3. 跟踪评价,注重实效

对立项的产教融合建设基地,联盟委托专家进行跟踪指导,围绕年度项目任务、基地建设成效、资金使用情况等进行关注。在年度绩效评价时,联盟将重点从以下三方面进行考核:

(1) 企业参与学校专业建设情况,包括专业调整优化、人才培养方案完善、专业教学资源开发以及专业实训室(基地)建设等;

(2) 企业技术骨干与学校专业教师互聘交流情况,包括学校专业教师到企业实践、企业技能大师到学校任兼职教师,以及双方合作开展实践研究或技术研发等;

(3) 校企合作开展学生企业参观见习、工学交替企业实践、学生毕业实习,以及毕业学生就业、企业在职员工培训等。

4. 项目验收,提炼总结

基地建设周期为三年,建设期满联盟将开展项目验收评审。验收评审时,联盟将重点关注以下几方面:

(1) 产教融合基地建设的标志性成果与成效;

(2) 校企合作实践形成的有效经验与特色做法;

(3) 校企双方合作建立的长效工作机制。

三、总结:7 个基地立项启动,建设推进各有特色

(一) 成果成效:立项启动 7 个基地建设

截至 2021 年 8 月底,聚焦"十四五"普陀区智能软件、研发服务、科技金融、生命健康等重点产业发展的技术技能人才需求,通过企业调研遴选,联盟立项启动了 7 个产教融合基地,具体如下:

序号	基地企业	合作职业学校	合作专业领域
1	上海点掌文化传媒股份有限公司	上海信息技术学校	电子商务
2	波克科技股份有限公司		数字媒体
3	上海先达企业发展有限公司	上海市贸易学校	物联网技术应用
4	上海颖幡技术咨询有限公司	上海市经济管理学校	供应链科技金融
5	上海绅瑞汽车销售服务有限公司	上海市曹杨职业技术学校	新能源汽车维修
6	上海圣诺亚酒店有限公司		现代高星级酒店管理
7	上海友旺环境科技有限公司	上海市普陀区甘霖初级职业技术学校(特殊职业教育)	中小学校园保洁服务

（二）经验总结：政府、企业和学校各司其职、协同合作

1. 政府产业部门要建机制搭平台

深化区级层面职业教育产教融合基地建设，首要的就是推进职业学校专业设置与区域产业规划及技术技能人才需求对接。政府规划部门、产业部门应主动跨前对接调研，引导职业院校优化办学方向、提高技术技能人才培养质量水平。

区发展改革、财政、人社、教育、科技、工会等部门应梳理形成产教融合支持政策清单，搭建政府、学校和企业合作平台，多方合力推动产教融合走向深入。

2. 调动行业企业的积极性至关重要

产教融合，"产"在前、是关键，如何调动行业企业的积极性至关重要。普陀区通过三方面努力营造良好的氛围：一是由区发改委、区教育局牵头制订《普陀区深化推进产教融合行动方案》，明确任务目标、支持政策；二是由联盟安排走访调研园区和企业，引导企业优化人力资源建设思路，主动参与技术技能人才培养行动，探索校企合作育人模式；三是提供政策和适当资金支持，保障校企合作行稳致远。

3. 学校深化人才培养模式改革

产教融合要产生"化学反应"，就是要深化职业学校技术技能人才培养模式改革，积极探索中国特色"学徒制"实践经验。

联盟建立年度考核评价与三年项目验收机制，将开展项目建设经验交流、长三角职业教育产教融合主题研讨等活动，积极促进产教融合"化学反应"成效显现。

（三）推广应用：边实践、边总结、边推广

普陀区将"产教融合校企合作育人机制创新"列为教育改革和发展"十四五"规划重点项目。联盟坚持"边实践、边总结、边推广"的工作思路，组建专家指导小组，及时做好总结宣传。同时，联盟将面向全区、上海市以及上海普陀、江苏苏州、浙江嘉兴、安徽芜湖长三角四地教育联盟举行专题研讨交流，交流辐射基地实践经验，提升职业教育社会影响力。

聚焦"数字工匠"培养　提升集团服务能力

上海静安职业教育集团　邱中宁　袁允伟

　　摘　要:静安职业教育集团以职业教育改革的问题为导向,以学生的成长为出发点和落脚点,聚焦"数字工匠"培养,推进"数字工匠"培养行动计划,努力提升集团的服务能力。集团以项目化驱动,坚持产教科协作、构建网络资源平台、参赛办赛和理论先导,扎实推进"数字工匠"培养。集团开展创客教育,贯彻素质教育,激发学生学习积极性,培养学生创新能力和实践动手能力,服务科技创新和人工智能国家发展战略,服务区域的经济转型、产业升级和社会发展,提升了职教集团的服务能力。

　　关键词:职教集团;数字工匠;创客教育;素质教育

一、建设背景

　　静安区地处上海市中心,是上海繁华的商贸城区、现代服务业的集聚地、现代制造业的基地和对外交流的重要窗口。静安区的教育持续走在全市的前列,静安区府提出,静安要高品质、高水平实现教育的现代化。

　　政产学联盟,项目化运作。静安职业教育集团是由静安区教育局牵头,区政府部门、区域内职业院校、与职业教育关联的重要企业、协会参加的区域职业教育联盟。集团有包括区人保局、区总工会、上海行健职业学院、上海市逸夫职业技术学校、上海市市北职业高级中学、上海聋哑青年技术学校、上海市商业学校、中国商飞上海飞机制造有限公司、百联集团物业、申通地铁培训中心、市北高新园区等 41 家机构。

　　创新工作机制,培养数字工匠。静安教育改革以学生发展为本,关注学生的"学"的特点,静安职教集团也以职校学生的发展作为工作的出发点和落脚点。集团推进"数字工匠培养行动计划",以开展创客教育(又称创新创造教育)作为集团增强服务能力的切入点;静安区是国内第一个创客空间的诞生地,是国际创客的集聚区。静安有浓厚的创客氛围,上海行健职业学院的大学生创新创业孵化园已经上升为国家级众创空间;静安职业教育较早与数字制造技术相遇,上海行健职业学院 2008 年成为上海飞机制造公司的教育培训基地。培养数字工匠发挥了静安职教集团在智能制造和智能控制领域的技术优势。

二、实施过程

(一) 问题为导向　创客教育起步

职教集团以问题为导向,发挥集团的服务功能。中职学生往往学习自信心低,学习动力不足,有部分学生对课堂教学有厌倦情绪,学习成就感低。为了激发学生的学习动力,增强学生的自信心,2014 年 11 月集团和市北职高启动"双导师卓越技师计划",试点培训班在动漫游戏、数字媒体专业展开。"双导师卓越技师计划"以教育部"卓越工程师教育培养计划"为蓝本,依托集团企业和高校资源,采用双导师制形式。计划切合环上大影视创意产业的发展,在动漫游戏、数字媒体专业领域先试点。"双导师卓越技师计划"出类似《希望的翅膀》等精品视频作品,扩大了区域职业教育的影响。

"双导师卓越技师计划"试点取得一些成效,产生了一批优秀作品,培养了一些学生中的尖子,有一定的引领示范作用,但是,受众面太小。2015 年 4 月起集团先后与上海磐纹科技、杭州先临三维、上海智垒合作,引入 FDM 熔融沉积建模 3D 打印机、光固化 3D 打印机、激光内雕机等设备,开展数字建模和 3D 打印为内容的创客教育。2016 年 1 月起集团引入教学机器人,启动了机器人为活动内容的创客教育。创客教育与"双导师卓越技师计划"不同,是教师动员,学生是报名自行组队,主要依靠学生自己学习探索,导师仅是引导,而不是带教。

(二) 项目化驱动,推进"数字工匠培养行动计划"

"数字工匠"是面对智能制造、人工智能和数字经济时代,掌握了数字技术的创新型技能人才,"数字工匠"是被赋予鲜明的时代特征和时代内涵的工匠。为了在较大范围开展创客教育,培养新时代的"数字工匠"。2017 年,经职教集团提议,静安教育局发文,启动静安区职业院校"数字工匠"培养行动计划(简称行动计划),以项目化形式进行实施。

"数字工匠"来源于"创客"。"创客"是英文 Maker 巧译过来,有制造者、创造者、匠人等多种含义。创客又曾称为数字创客(Digital Maker)、数字工匠。创客教育融合了精益求精、尚工重器的"工匠精神",重视学生创造性的"造物"。培养学生的创新精神和实践能力,恰好是素质教育的重点;创客教育倡导非正式学习形式、自主探究式学习、项目学习、"做中学、学中做"和线上线下的混合式学习的方式,是职业教育推崇的;创客教育试行一种"为了学习者的学而教"的教学形式,一种以学生为中心的教学形式。教师在创客教育中,是组织者、鼓励者,不再是知识的传授者,而学生从被动的知识接收者变为知识的主动创造者,是教学改革探索的热点。

我们根据区域职业教育的现实情况,将行动计划目标设定为:经过几年的实施,让每个在校学生都能参加一次以上的创客活动和竞赛,能利用创新实验室的 3D 打印机、激光内雕机、数控雕刻机、机器人、机械臂和人工智能器材,创作出一件以上贴近社会、贴近生活的作品。对科技前沿技术有个初步入门。行动计划旨在发挥创客教育的德育功能,激发学生的学习动力,体验成功的乐趣,增强自主学习能力、动手能力和创新能力,培养学生的工匠精神和创新精神,提升学生对科技发展的关注,培育学生的历史使命和责任担当。

(三) 产教科协作　建立联合实验室

集团与科技企业建立联合实验室。开展创客教育,需要相应的设备和技术。集团购置一批创新实验室的标配设备,同时与提供设备的高新企业建立联合实验室,开展技术合作。集团先后与上海磐纹科技、杭州先临三维、上海智垒合作,开展 FDM 熔融沉积建模 3D 打印机、光固化 3D 打印机、激光内雕机等数字建模和 3D 建模领域的技术合作。与上海启培科技、能力风暴、深圳越疆、深圳优必选公司开展教学机械臂、教学机器人、人工智能领域的技术合作。2019 年集团与上海电气自动化设计研究所、市北职高开始共建产学研协同创新基地,将协力创建一批集教学、科研和培训于一体的创新实验室。

(四) 利用互联网构建资源平台

集团努力开发线上学习资源。培养数字工匠,有关创客实践活动、数字技术的知识、技术文档十分缺乏。集团在门户网站建立了创客知识空间,提供了大量的创客实践活动的所需资料和文档。2018 年还建立了集团的共享课程和图书资源平台。集团与深圳越疆、浙江圣石、上海博茵等企业合作,提供教学机械臂、机器人和数字建模、3D 打印的技术文档。

(五) 办赛参赛,以赛促培

职教集团与高新园区、高新企业合作举办数字建模、机器人创新设计大赛。2015 年 9 月启动由职教集团主办,邀请区中华职业教育社、区图书馆、杭州先临三维、磐纹科技、智垒科技、上海幻维数码等机构协办"3D 打印创新设计大赛——鲁班锁的设计与 3D 打印大赛"。大赛的项目主要是鲁班锁的设计和 3D 打印制作。大赛采用零起点、低门槛、高要求形式,集团提供师资和设备,采用互联网办赛方式,吸引了高职和中职学生 150 多名报名参赛,学生自行组织了 50 多个团队。经过集团老师的简单引导,由学生自主学习和钻研,进行建模设计、模型渲染、模拟装配和动画仿真,最后 3D 打印机做出实物,并把作品、渲染图、PPT 和微视频在网上展示。2017 年、2018 年集团除继续组织 3D 建模和打印创新大赛外,还新设了"机器人和物联网创意设计大赛"。

职教集团除了主办大赛外,还积极为参赛学校提供设备和技术支持,协助基层学校组织学生团队参加上海市级机器人大赛、世界机器人大赛。

(六) 科研先行,理论引导

理论是行动的先导。职教集团重视职业教育、创客教育和德育工作的理论研究。2019年市北职高和集团老师的科研文章——《创客教育融入中职德育工作的探索与展望》,在《职教通讯》公开发表。文章对创客教育的性质、特点和功能进行了深入的分析和研究,阐述了:创客教育是一种"造物"为特征的工程教育,一种面向全体学生的教育,一种体验式教育;创客教育能促进学生学本领、立大志,提升每个学生的幸福感,让学生心灵更阳光;创客教育的核心价值在德育,发挥创客教育的德育价值是职业学校教学改革的内在要求;提出了职业学校将创客教育融入德育工作的行之有效的策略。

三、特色创新

(一) 贯彻素质教育,面向全体学生

行动计划的特色是面向全体学生,贯彻素质教育,既规模化又个性化。根据行动计划组织的创客活动,创新大赛是面向全体学生,有别于针对优才生、特长生的教学活动、展示活动和技能大赛,它不是少数学生的课余活动。行动计划具有如下特点:(1)跨专业,无论学生学的是什么专业,都可以参加。参加机器人活动的有计算机网络专业,也有酒店管理专业。(2)零起点,学习的门槛很低,学生可以没有一点基础,只要有兴趣即可。(3)活动和竞赛围绕着创新"造物"开展,学生个体有充分的自由想象的空间。(4)创造式探究学习,是一种主动学习,一种以学习者为中心的学习。(5)践行了素质教育的核心要素,对准了素质教育的重点,培养学生的创新精神和实践动手能力,

(二) 服务大战略,聚焦职教改革的难点

行动计划是职教集团的一项创新举措。根据行动计划组织的创客活动,创新大赛围绕数字建模技术、编程技术和开源智能硬件技术展开。数字建模是数字制造、智能制造、数字文化创意产业的基础;而编程技术和开源智能硬件技术是机器人、智能设备、物联网、人工智能、大数据产业的重要基础。行动计划培养的目标是对学生进行科技启蒙,是启发学生的好奇心,激发学生的学习和动手的兴趣,让学生入门找到学习方法,强化学习的自信心。数字经济时代的到来,智能制造、机器人、智能设备、物联网、人工智能、大数据的新技术的快速迭代,正在重塑未来的就业环境,要求职业院校培养的学生能够适应未来的工作岗位的需求,要求职业教育将新技术能融入教学。目前的现实情况是,职业院校的教学都是按专业组织的,这些新技术很难融入。有的学校一方面缺少 3D 打印机、数控设备、机器人设备和教师,一方面又设备闲置,或极少学生能使用,或仅作为展示摆设。行动计划正切中了职业教育改革的难点,为职业教育服务创新发展,服务数字经济,对接科技发展寻找了新路径。

四、运行成效

(一) 激发学生科技兴趣,提升学习动力

学生科技兴趣萌发。职校学生往往自信心不足,担心数字建模、3D 打印、机器人技术太

难,学不会,有畏惧失败而躲避的倾向,有做科技"旁观者"的心理。开展创客教育,学生进入角色后,心理就会出现积极变化。学生发现创客活动非常好玩有趣,这些看似高大上的新奇的科技技术,学生对之有天然的好奇心、神秘感。他们会发现,他们突然发现掌握了神奇的工具,能够做出常人做不出的东西。他们能制作出一个逼真飞机模型,一个C919的数字模型。他们能根据网上几张图片,创作出中国南沙5大灯塔的激光内雕作品。上海聋哑青年技术学校的学生,欣喜自己能创作出一个3D打印的鲁班锁。学生发现创客活动很有意义。创客教育涉及的项目与当前的科技发展趋势紧密相连,与生活息息相关。3D打印和机器人、机械臂、物联网和人工智能技术的重要性无人不晓。他们突然发现,这种学习活动与他们工作的明天有如此紧密的联系,有如此大的实用价值。学生发现创客活动使他们昂首自信。他们在上海市高中阶段机器人大赛、人工智能大赛上与重点中学的学生同台竞技屡屡得奖。他们在机器人、3D打印领域的操作技能常常会超过教他们的老师和企业的工程师。他们夺得世界机器人大赛总决赛的奖牌,让他们的家长大为惊喜。创客教育使学生充满正能量。

增强学生学习动力一直是职业教育的难点。在创客教育中,教师与学生形成平等合作的新型师生关系,教师是项目的组织者,不再是知识的传授者,而是学习共同体的伙伴,学生自尊心和自主性大大增强。过去,学校老师不会相信,不安排授课,学生能通过创客活动,自己自学掌握3D建模和机器人技术。但是,奇迹确实发生了,学校组织3D打印和建模的鲁班锁设计大赛,没有安排授课,仅仅是利用午休时间简单示教一下。在过程中指导老师有意不讲授具体操作方法,但告诉学生可用软件实现。结果有学生摸索做出来了,他们自己相互分享经验。他们非常自豪,能自己在网上找资料自学学会。更为惊喜的是,学生在机器人的调试过程中,会创造出自己的新方法,超过老师现有的方法,学生成为知识的创造者。在创客教育中,学生学习主动性大大提高,从原来的你要我学,变成我要学。

(二) 教师增强教改动力,提升创新水平

教师对学生的期望值提高。部分职业学校的老师往往认为了解自己的学生,他们往往不会期待学生能在科技领域有出色表现。许多人都信奉加德纳的多元智能理论,把职校学生贴上逻辑思维弱、形象思维强的标签。在人工智能、机器人等涉及逻辑思维能力的领域不看好职校生。但是,创客教育的实践却颠覆了这样的认识,在2018上海市高中阶段人工智能机器人大赛中,不被看好的职校学生居然超越了重点高中的学生,得了大赛一等奖。这使老师认识到学生的潜力,对学生便有了更高的期望,增强了教改的信心。数字建模、3D打印、机器人、人工智能等科技前沿知识目前还没有融入教材,没有教学上的需求,教师学习的积极性不高。学生通过创客教育、通过自主学习,掌握了一些科技知识后,会产生新的需求,反过来,促进教师提升科技创新水平,增强教改动力。

(三) 集团搭建科技平台,提升服务水平

职教集团通过推进行动计划,搭建起集培训和科研于一体的平台,提升了集团的科技服务能力。集团和职业院校配备了数字建模、3D打印、激光加工、CNC数控加工、机械臂、类人

形教学机器人、教学智能小车、人工智能语音识别等一大批创客教育实验设备,开发了一批创客教育的实验教案和解决方案,有了技术积累和成功的案例,在校企协作创新中争得了主动权。

职教集团有了前沿科技的积累,不仅直接面对职校学生开展科技创新服务,而且建立了网上教学资源平台,开发课程和举办竞赛,服务师资培训,服务普通教育职业体验教育和科技启蒙教育。

五、思考

静安职教集团推进行动计划,聚焦"数字工匠"的培养,是主动寻找服务学生、服务教师和服务职业教育改革,服务国家战略的突破口,增强集团服务能力的一个尝试。

职教集团推进行动计划,培养"数字工匠",不是不切实际的幻想,也不是坐而论道,而是一步一个脚印,实实在在地行动。职教集团要实现行动计划的目标,需要不断优化项目的实施方案,需要不断增强集团自身的科技服务能力,需要不断开发优质的创客教育资源,需要不断健全创新型人才培养的生态环境。

聚焦集团项目建设　助推区域经济发展

上海市金山区职业教育集团　沈栋鑫

摘　要:金山职教集团把专项工作建设(以下简称:项目建设)作为提升集团运行绩效、深化校企合作、产教融合的重要抓手,注重项目质量及项目成果转化,助推区域经济发展。集团逐步规范和完善项目建设管理制度,每个项目须经申报、立项评议、中期检查、结项题验、评优表彰、经费审计等环节,层层把关。集团通过项目建设,服务教育教学和区域经济,增强项目组人员的研究能力,加大集团内涵建设力度,扩大集团影响。

关键词:项目建设;项目评审;成果转化;区域经济

一、实施背景

根据《上海市教育委员会〈关于本市推进职业教育集团化办学工作的意见〉的通知》(沪教委职成〔2007〕26 号)、《关于本市推进组建区域职业教育集团工作的指导意见》(沪教委职成〔2009〕6 号)等文件精神、上海市教育综合改革试验任务等相关要求及金山区域社会、行业、产业的特点,集团积极申报市财政支持的专项项目及经费,积极参与并支持成员单位开展各项研究,以集团运行绩效提升及推进为重点,围绕深化校企合作、产教融合,增强职教集团综合服务能力,开展集团管理和运行机制研究,中高职教育贯通培养模式改革研究、现代职业技术人才培养模式改革与创新的实践研究,以及与之相适应的人才培养质量监控与评价体系建设、校企合作机制研究与探索、实习实训基地共建共享等,深化职教内涵建设,培养合格高技能人才,助推区域经济发展。

二、实施目标

(1)通过项目建设,为区域社会、经济服务,推动校企合作、产教融合向更深层次发展;

（2）通过项目建设，为教育教学服务，推动人才培养模式的改革，推动职业教育的创新与发展；

（3）通过项目建设，增强项目组人员的研究能力；支持、鼓励项目成果的推广应用；

（4）通过项目建设，完善集团管理体制和运行机制，加大集团内涵建设力度，扩大集团影响。

三、实施过程

项目建设工作是集团工作中的一项重要内容，集团十分注重项目的管理。管理主要从：项目申报、项目评审、经费审计、评优表彰、成果转化等方面着手。

（一）项目申报

集团要求申报单位（院校）必须与企业、学校双方或多方合作，共同开发。项目要结合金山区域产业特点，站在集团角度，体现集团特色及区域特点，项目成果要有可推广意义。所以，项目申报，精心选题是关键一步。以下为近几年集团部分立项的项目：

序号	项 目 名 称
1	金山区职业教育对标两区一堡战略的研究
2	院镇共建各类人群身心健康活动指导与矫正实验中心的探索
3	传承创新金山民间艺术助推新农村文化建设——基于艺术设计课程融合金山农民画的研究与实践
4	产教融合视域下的金山嘴渔村文化创意设计研究
5	金山区小微企业深加工农产品的研发 （修改为：籽粒苋、蓝莓深加工技术及产品研发）
6	基于供给侧视角下的中餐行业人才需求与应用研究 （修改为：中餐烹饪与营养膳食专业学生职业素养培养体系研究）
7	食品生物工艺专业现代学徒制试点工作
8	数字媒体艺术设计专业中高职贯通课程衔接一体化体系构建研究
9	物联网技术专业校企合作共享实训基地的规划探索
10	基于产教融合的危化品运输仿真实训系统教学项目开发

注：实施"两区一堡战略"是市委对金山发展的战略定位，即：打响"上海制造"品牌的重要承载区、成为实施乡村振兴战略的先行区、成为长三角高质量一体化发展的桥头堡

（二）项目管理

1. 项目建设工作会议

集团定期召开已立项项目组负责人参加的项目建设工作会议。邀请评审专家作辅导讲座，从科学研究的角度指导与会人员如何选题、如何规范填写各类表格、如何答辩等；邀请财务会计讲解经费使用制度，严格遵循最新财务规定（尤其差旅住宿标准、会议费用标准等），严格按项目申报书上的明细使用经费。

2. 签订项目建设合同

集团与项目单位、项目组签订《项目建设合同书》，明确评审流程、注意事项以及三方权利和义务。强调项目单位、项目组必须严格按照《集团项目建设管理办法》《项目建设合同书》条款和内容的要求开展工作，对"项目人员变更申请""项目终止申请""延迟中期评审""延迟结项申请"等相关内容作了明确的规定。

（三）项目评审

项目评审分为开题论证、中期检查、结项验收三大环节。集团建立了稳定的专家团队，人员由高校教授、中职校专家、科研人员等组成。流程为：专家个人独立评审，写出评审意见；专家组现场评审，项目组汇报并回答问题；专家组集体讨论，综合评价，提出整改意见；集团向项目组通报整改意见，整改后，交专家组长复审。

1. 开题论证

科学、规范地指导如何开展项目工作，进一步细化项目内容，是"开题论证"的主要任务。以"院镇共建各类群体身心健康活动指导与矫正实验中心"项目为例。以"共建共享、全民健康"这一建设健康中国的战略主题为背景，由院镇共建各类群体身心健康活动指导与矫正实验中心，符合《中国教育现代化2035》中所说的"职业教育服务能力显著提高"这一总体目标。项目组现有的心理健康、艺术、护理及体育教育的规模和条件能较好地适应本项目的实施，项目组成员有一定的经验和能力实施本项目。专家建议：建成4个身心健康生活工作室标准要清晰，细化活动内容；经费预算要科学，且要与项目实施过程匹配。以"金山区职业教育对标两区一堡战略的研究"项目为例。随着国家对金山区经济发展提出的新目标，职业教育的改革迫在眉睫，这也关系到金山区今后十年职业教育的发展，因此本课题的立项很重要。专家建议，由于研究时间短、内容多、任务重，开题报告中对研究目标、研究内容、研究计划等方面尚需充实、完善。

2. 中期检查

中期评审的目的，是检查各项目完成的进度，存在的问题，需要注意的地方。以"中餐烹饪与营养膳食专业食疗调理师人才培养模式探索"项目为例。该项目围绕中医食疗调理专门人才培养这一研究重点，走访相关企业，开展食疗调理专门人才需求和培养情况的调研，并在此基础上,制订了《中餐烹饪与营养膳食专业食疗调理人才培养方案(试用本)》,格式与内容总体规范;师资培训同步跟上,已有两位教师取得"膳食营养师"证书;同时拟定第二课堂实施计划,目前正在实施过程中。项目经费在预算可控范围内。建议:规范编制《中餐烹饪与营养膳食专业(食疗调理方向)人才培养方案》;规范相应的课程名称,并编写其课程标准;充实完善调研报告。以"籽粒苋、蓝莓深加工技术及产品研发"项目为例。该项目以学校食品研发与技术服务中心为平台,紧密结合金山区大量种植的皇帝草籽实、蓝莓为原料,通过校企双方深度合作,联合开发系列农产品,拓宽皇帝草和蓝莓的应用前景,提高其商品附加值。对学校科研服务于企业和人才培养具有实际意义。

3. 结项验收

结项验收是项目评审最后一环,也是项目总结、展示成果的重要一步。以"数字媒体艺术设计专业中高职贯通课程衔接一体化体系构建研究"项目为例。项目组呈交的结项材料完整丰富,能体现项目研究在数字媒体艺术设计专业中高职贯通课程一体化衔接的成果,在课程标准开发、教材编撰出版、学生培养成效等方面尤为突出,达成了项目研究预期目标。本项目特色在于:实现中高职贯通教育师资资源的衔接和共享,中高职院校教师联合编写出版 4 本专业教材,中高职院校教师联合编写出版教材;同时实现中高职贯通教育实训资源的衔接和共享,对本区乃至全市中高职贯通培养模式试点具有学习借鉴作用。本项目开展对于真正实现中高职贯通课程体系一体化设计、一体化衔接、一体化实施具有较高的实践意义和理论探究意义。以"院镇共建各类群体身心健康活动指导和矫正实验中心的探索"为例。该项目按照任务书要求,完成了四个身心健康活动室的建设以及相关的管理制度制定,为金山当地培训了心理咨询员、救护员和养老院的护理员。建立了学校与社区资源共享的机制,为健康社区持续服务的机制,学校与当地政府合作管理的机制。通过这些活动,不仅增强了学院教师的专业实践能力,而且提高了职业教育服务经济社会的水平,促进社区和谐发展,为建设健康的社区助力。

(四) 经费管理

集团十分重视项目经费的使用和管理,专门召开会议,责任落实到人。集团依据现在的财务制度及项目评审的情况,分两次下拨项目经费。集团明确项目单位对项目建设负有不可推卸的监管责任,督促项目组负责人严格遵守财务制度及集团其他有关规定,及时通报进展及完成情况。在中期检查和结项验收项目时,项目组必须向专家组提交经费使用的详细清单,供核查。集团组建了由集团领导挂帅的集团专项经费检查小组(沪金教集团〔2018〕3号),统筹部署专项资金安全检查工作的具体组织和实施。集团与上海东方会计师事务所有限公司签订服务协议,委托他们对项目经费进行专项审计,出具审计报告。集团向相关单位通报审计结果,提出整改意见。

(五) 评优表彰

通过评选优秀项目,发挥集团各成员单位开展职业教育研究工作的积极性和创造性,加强集团内涵建设,增强成员单位科研竞争力,扩大集团影响。

(1)参评项目应具备从立项到结题应有的完整资料,包括立项申报书、开题论证报告、中期检查汇报、项目成果鉴定、结项证书、获奖证书复印件、成果应用证明,以及著作、论文、教材、课件、研究报告等研究成果;

(2)参评项目应具有鲜明的科学性、创造性、先进性和应用性,既反映我区职业教育改革与发展中的重点、难点、热点问题,又能体现我区职业教育科学研究的最新水平;

(3)参评项目的研究与地方企业有密切合作;项目研究方法科学,研究设计合理,研究过程扎实,研究报告规范;项目研究成果在实际应用中已取得成效。

(六)成果转化

集团十分注重项目成果转化,产教融合。项目的研究成果被带回学校、带入专业,带动了学校专业的建设、改革和发展。以"传承创新金山民间艺术助推新农村文化建设"项目为例,该项目与金山农民画院共建"非遗金山农民画大师工作室",助推融合金山农民画元素的艺术设计类课程教学改革,已被命名为"金山非物质文化遗产保护教育基地",非遗文化传承创新人才培养模式的成果得到推广和应用。《金山农民画布贴画》一书,正与合作单位共同推进实践创作活动,助推新农村文化经济建设。该项目还采用工作室模式运作方式,鼓励师生参与金山农民画衍生品的设计开发,部分衍生品已被农民画院、金山区旅游公司等单位采用,制作成具有金山特色的旅游纪念品。以"产教融合视域下的金山嘴渔村文化创意设计研究"项目为例。该项目充分发挥了我区独特的海洋自然资源,实现"建设海洋文化、增强文化竞争力"战略,积极弘扬金山嘴渔村的特色文化,参与"渔"文化产品包装设计、金山嘴渔村旅游纪念品设计、金山嘴渔村游览导视系统设计方案升级改造,整体增强金山嘴地区的综合竞争力。该项目有利于促进金山嘴渔村旅游业的发展,是助力乡村振兴、创建美丽乡村的重要举措,为金山区"成为打响'上海制造'品牌的重要承载区、成为实施乡村振兴战略的先行区和成为长三角高质量一体化发展的桥头堡"起到积极促进作用。

四、实施保障

(一)组织保障

成立项目评审专家组,组建稳定专家团队,针对项目建设进行全过程指导,参与答辩评审、评优表彰、成果转化等工作。

(二)制度保障

集团制定《集团项目建设管理办法》,并与项目组签署合同书,明确项目管理组织机构、项目实施原则及项目分级管理的措施。

(三)经费保障

本集团参与的大多数项目都由市财政给予支持,不足的由区财政配套。各类专家评审费用均由集团运行经费中支出。

五、特色与成果

自集团 2013 年成立至 2020 年底,共结项 68 个项目,投入经费 743.46 万元。内容涉及: "集团体制机制建设""校企合作人才培养模式改革""中高职教育贯通培养模式改革试点" "开发课程教学标准""精品课程建设""专业教材建设"等项目的研究,取得一批有较强针对 性、指导性和应用性的研究成果。

获得上海市教学成果一等奖 1 个、二等奖 3 个,在校企合作、产教融合的过程中,教师的 专业能力得到了进一步提高;

研究成果共享,多方合作共赢,增强了成员单位的科研竞争力,推进教学质量提高和教 学内容方式的改革;

与欧姆龙自动化公司合作的"传感器技术应用"教材开发课题,获得"首届全国机械行业 职业教育精品教材"奖;

与上海牧良实业公司合作的"籽粒苋、蓝莓深加工技术及产品研发"项目,发表了多篇专 业论文,"一种籽粒苋发酵饮料及其制备方法"获得 3 项发明专利,大大提高了籽粒苋的商品 高附加值;

"传承创新金山民间艺术 助推新农村文化建设"项目,从金山区域经济、文化需求实际 出发,开发融合金山农民画艺术元素的现代设计艺术作品及其衍生品;

"产教融合视域下的金山嘴渔村文化创意设计研究"项目,通过参与"渔"文化产品的设 计包装,增强金山嘴地区的综合竞争力。

六、体会与思考

金山职教集团在聚焦专项工作、助推区域经济发展方面进行了一些探索和尝试,取得了 一些成绩,有许多值得总结的地方,也有许多需要改进和提高之处。

(一)多方合力是关键

专项工作涉及集团的统一管理、专家组的质量把关、审计单位的经费审计、项目单位的 监管职责,以及项目组的认真工作,大家相互沟通,加强交流,朝着同一个目标,就能取得较 好的效果。

(二)提高质量是根本

经过几年的不懈努力,项目工作质量有了长足的进步,研究成果更有针对性、实用性,许 多项目更有推广的价值。但不可否认,项目之间质量参差不齐,需要提高,管理措施还需要 规范。

引入企业真实业务　助推校企深度合作

上海虹口新产业发展职业教育集团　朱清清　刘迎春

摘　要: 近年来,我国的文化艺术市场和现代传媒业迅速发展,文化创意作为一个转型发展和升级的新兴产业,从业人员的专业能力和水平需要极大的增强和提升。虹口职教集团通过组建文化创意行业产教合作工作站,在机制和经费方面给予保障,利用集团平台积极引企入校,通过引入企业真实业务的方式推进校企深度合作,采用把企业真实任务嵌入校内实习实训环节、在企业实训场所开展真实项目制作、引入企业实训平台参与公司真实业务和学生课余承接企业项目等多种形式转变教学模式,探索一条符合文化创意类行业特征和专业特点的校企合作路径,不断提升学校相关专业的办学水平、教师的专业水平和学生的职业素养,为社会输送更多更适用的合格建设者。

关键词: 文化创意行业;校企合作工作站;企业真实业务

一、实施背景

《上海职业教育高质量发展行动计划(2019—2022年)》指出,以新修订的《上海市职业教育条例》正式实施为契机,研究制定相关配套政策文件,加强对产教融合的引导和推动,鼓励职业学校和企业通过共同育人、合作研究、共建机构、共享资源等方式,在人才培养、技术创新等方面拓展合作空间,深化合作程度;支持学校和企业等方面依法采取市场化、专业化、社会化机制运作,在生产性实训基地建设等方面深化合作,深化"产教融合""引企入校""引校入企"改革。

近年来,我国的文化艺术市场和现代传媒业迅速发展,随着越来越多的文化创意企业开始入驻虹口,相关的专业人才的需要量在不断地增加。文化创意作为一个转型发展和升级的新兴产业,从业人员的专业水平需要极大的提升。集团内以南湖职业学校为代表的一些院校相继开设了文化创意类的专业,并有着较大的发展。他们迫切需要通过多种形式的产教融合、校企合作来提高专业的办学水平、教师的专业素养，为社会输送更多合格建设者。虹口职教集团为深入贯彻国务院《关于深化产教融合的若干意见》，以及教育部等六部门关于《职业学校校企合作促进办法》等相关文件精神，发挥企业在职业教育中的重要主体作用和职教集团在产教融合中的资源整合优势，组建文化创意行业产教合作工作站，以破解教学内容与生产过程不匹配，教师专业能力与工作岗位实际不匹配的难题，并努力探索一条符合文化创意类行业特征和专业特点的校企合作路径，不断推动集团内职业院校的文化创意类专业产教融合、校企合作、工学结合的共育共训的共同育人机制形成。

二、实施目标

（一）总体目标

以虹口职教集团为平台，以集团内文化创意类企业为依托，以南湖职校艺术工程专业群为基础，组建"虹口职教集团文化创意行业产教合作工作站"（以下简称"工作站"），引入企业生产型实践项目，为院校专业教学模式改革和教师的专业实践提供支持，达到院校的教学质量提高，教师的专业能力增强和企业的生产经营效益提高的目的。

（二）具体任务

——组建校企合作工作站。由集团内相关职业院校与相关企业合作组建"工作站"，由职业院校相关专业的教师组成工作团队，由行业专家和企业能工巧匠组成"工作站"的专家指导团队。

——引入企业生产项目。"工作站"引入企业的生产型项目作为工作内容，在行业专家和企业能工巧匠的指导下，由院校专业教师或校企人员共同负责项目的实施，或者采用企业聘请专业教师担任项目负责人，学校聘请企业专家指导项目实施。

——提升专业教学水平。学校通过"工作站"的形式，破解院校的专业教学内容与企业实际需求不相匹配的问题，教师通过"工作站"解决自身的专业知识和专业能力与实际工作脱节的问题。

三、实施过程

虹口职业教育集团积极搭建集团内文化创意类企业与南湖职业学校共建共育共享的大平台，在南湖职校相关专业的"全景拍摄与制作""智能硬件搭建""平面设计""网页设计""影视后期编辑"等实践性课程中，通过把企业真实任务嵌入校内实习实训环节、在企业实训场所开展真实项目制作、引入企业实训平台参与公司真实业务和学生课余承接企业项目等多种形式，将学校的专业教学与企业的实际工作任务无缝对接。采用"双导师制"的教学模式，实施企业工程师和学校专业教师联合授课，带动学校教师的专业成长，提升学生的专业素养。

（一）把企业真实任务嵌入校内实习实训环节

在南湖职业学校数字媒体技术专业"智能硬件搭建"课程中，采用"双导师制"教学模式，学生在工程师和教师联合授课中学习传感器、声光电的输出设备、通讯功能模块和控制软件后，由工程师推荐符合学习内容的作品，学生根据兴趣和特长以小组为单位动手设计和制作智能小车、音乐播放器和灯光秀等作品。小组分工完成智能硬件的搭建、编程、调试、视频展示和作品说明，教师和工程师在此过程中给予必要的帮助。项目的评价分几个部分，一部分是从作品本身的技术角度如交互性、代码设计水平、应用配件种类、作品外观进行客观的终结性评价，另一方面从作品的展示情况，如作品视频拍摄的策划、作品文字说明来评价学生的沟通和演示技巧，还从制作过程中学生的团队合作表现给分。

这种模式照搬了企业的业务流程、运作模式和评价标准，学生除了能更精准学到专业的操作技能外，更是将团队合作的精神、展示表演的技巧和有效沟通的方法等该行业的重要职业素养牢牢地根植于内心。例如：有一个同学作品制作部分拿到了全班最高分，但由于是独立完成，未按要求组队，团队合作分为零，最后的总分并不高，这让他懂得了团队合作在完成工作任务中、在未来岗位上的重要性，他在之后的学习中开始主动帮助其他同学，重视团队合作。再如，企业作品制作完成后还需要以视频的方式在网络上展示作品并接受业内人士及大众的共同评价，这对学生无疑也是一种心理的挑战和表现展示、沟通能力增强的倒逼机制，通过承接企业真实业务将这种机制引入，让学生深刻体验到企业项目不仅是把工作完成，合作提效、沟通演示、精益求精是企业要求的职业素质，而这些素质的培养是要克服自身的弱点，在学校中以习惯养成的方式逐渐培养起来的。

（二）在企业实训场所开展真实项目实操

声音专业的学生在学习了声学原理和录音技术基础知识的基础上，参与长江剧院的小型音乐会搭建活动。在连续工作的几天时间里，同学们每天上午在工程师和专业教师的带领下，在剧院安装收音、扩音等专业音响设备。通过现场音响环境的搭建和专业教师的讲解，同学们边做边学，将课堂上学到的声学、录音等理论知识与音乐会现场的音响场景设计结合起来。课堂上学习的绕线技巧、录音设备接口连接技术、布线技术在工程师的指导下提升了技巧，技能在真实的工作环境中得到应用。现场聆听音乐会，检验声学环境布置效果，每天音乐会结束之后，协助工程师整理现场、归置设备。几天音乐会的搭建工作，使学生的技能得到充分的训练。

美术设计与制作（多媒体设计制作）专业学生在专业教师和北京超星尔雅教育科技有限公司工程师的带领下为教材制作插画，实施实践性课程授课。公司提供素材和制作要求，学生在规定时间内提交作品并获得评价。通过实践，学生把专业课上学到的PS技能用于插画制作，制作过程中需要学会搜索信息，与主管沟通需求，产品反复打磨这些传统课堂上学不到的经验，体会到娴熟的技能对工作的重要性。其中部分学生于去年参加上海市"星光计划"技能大赛获得一等奖。

（三）引入企业实训平台参与公司真实业务

公司开展业务一般都有自己的信息平台,便于同事之间的交流和项目的协同推进,学校在教学中借用公司的平台和项目开展实践性教学,可以使学生真实体验公司的产品制作过程,了解协同推进项目的工作方式。与南湖职校艺术工程类专业合作的可亦可文化传媒公司从事平面广告、活动策划和节目制作、网站宣传等众多广告相关业务,这些业务与该校多媒体制作专业、影像与影视技术专业、网页设计等专业对口。由于带教工程师人数有限,学校组织学生按专业分批进入公司媒体制作部门,每个专业对应一个工作岗位,同专业 5—6 名学生组成 1 个小组,每个小组配备一位学校专业教师和一位公司带教工程师,每周有 3 个小组在公司推进公司项目。由工程师划分每天的工作任务,学校教师和工程师在制作过程中适时指导,每天工作结束之前将作品和工作小结上传到公司的业务网站,教师和工程师登录系统检查作品完成情况,提出修改意见。学生在公司或者在家里使用账号登录公司网站,就可以看到两位老师的评价,给老师留言或者根据意见继续修改上传作品,体验公司协同办公、移动办公的工作环境。

（四）课余承接企业项目,拓展实践性教学

影像与影视技术(声音设计与制作)专业学生承接吉阳信息科技公司委托制作诗朗诵配音配乐作品。公司委托专业教师担任项目经理,把控作品的质量、指导制作的过程。在这个项目中,学生需要合作完成 5 个完整的音乐产品的制作,包括前期录音、后期编辑、音效制作,等等。与平时上课不同,录音的素材需要学生自己采集,学生不仅担任录音工作,还要担任录音导演,指导配音人员的语音语调。学生在制作过程中发现与演员沟通是一件比较困难的工作。这些在平时的课堂教学中不会碰到的问题,在真实的工作项目中出现了,让学生明白一个好的音视频制作人员不仅要有熟练的设备和软件的操作技能,还需要具备沟通的技巧和对项目的整体把控能力。公司最终从完成的 5 个作品中挑选了 3 个参加比赛,获得一个一等奖,两个二等奖。

四、实施保障

虹口职教集团成立于 2013 年,其主要任务是:围绕服务区域经济的主旋律,以职业教育的多元资源整合为主要任务,促进职业院校形成区域经济能力和办学水平提高。为此,集团多年来进行了一些有益的探索。在 2015 年制定了《关于职业院校进一步深化产教融合、校企合作工作的实施意见》提出,要促进集团内的职业院校多层次、多途径的产教融合、校企合作办学形式的形成。2016 年又组建了"虹口区现代服务业职业教育行业指导委员会",为虹口搭建产教融合的职业教育办学提供了机制保障。对于工作站来说,具体的保障有以下三个方面:

（一）加强工作指导

集团作为发起单位,不断加强对"工作站"工作指导,充分利用"区职业教育联系会议",

"虹口区现代服务业行业指导委员会"等平台和组织的作用,在政策上给予支持,组织上给予联络协调。集团的秘书处对"工作站"提出明确的要求,主动关心运行情况,帮助他们解决实际工作中的困难。牵头学校和企业要发挥各自的优势、履行职责,提供资源,帮助解决实际困难。

(二) 强化"工作站"制度

"工作站"要加强相关工作的制度建设,针对项目制和产教跨界合作新型模式,落实运行规则、工作规程、生产安全等方面的科学合理的制度。在"工作站"的运行中要加强管理,做到分工明确、责任落实、高效运行。

(三) 落实运行经费

项目运行经费由提供生产项目的企业承担。"工作站"在项目生产以外产生的费用由职教集团提供。由职教集团提供的费用应按照有关的财务规定在上一年度预算申报,经费的使用严格按照相关规定执行。

五、特色与成果

虹口职教集团采用文化创意产业产教合作工作站的形式,以共育共训为指导思想搭建专业共建平台、实践训练平台、技术服务平台、资源整合平台。把工作任务引进课堂,把企业项目嵌入教学,把课堂搬到工作岗位,将教学过程迁移到工作现场,有效提升了实践性教学的效能及校企合作的质量,推动学校专业教学变革。对于破解教学内容与生产过程不匹配、教师专业能力与工作岗位实际不匹配的难题,提供了一些实践经验。具体来说有三方面的成效:

(一) 提升学生对企业文化的认同,促进学生职业素养的全面提升

学生在进入企业实践参与真实的业务操作的过程,体现出德技并修育训结合的职业教育目标。学生对企业制度的适应性和对企业文化的认同度大大增强,为他们顺利完成从学生到职业人的身份转变奠定良好的基础。在完成企业项目时,学生真切感受到团队合作、有效沟通的重要性,认识到一个掌握专业技术技能的人才固然能敲开企业的大门,但是现代企业是一个讲求效率、讲求质量和服务意识的团队,需要团队成员密切合作,需要非常强烈的服务意识、时间观念和沟通意愿与能力,员工如果游离于团队之外,没有合作意识会影响项目进展,不能融入企业文化迟早会自动出局或被企业淘汰。在完成企业项目时,学生也更明白了敬业专注、精益求精的意义,因为一个看似不起眼的失误很可能给企业造成重大的损失,也可能导致直接被企业辞退或赔偿的严重后果,这对学生是非常震撼的。

(二) 提升教师的项目实践经验,促进教师专业成长

目前职业学校大多数专业课教师都是从高校毕业直接进入职业教育,缺乏企业的实践

经验,对企业的项目运作方式和新技能、新技术的了解、掌握有限。将课堂迁移到企业、迁移到工作现场不仅能够使学生获得真实的体验,也为专业教学的教师提供了实习与实践的机会,让他们了解了行业企业的新知识、新技能、新工艺、新方法,并能结合自己的理论知识和教学经验做有效的教学转化,与企业工程师的教学经验不足形成互补,提升学校专业建设质量。

(三)解决了学校实训场景仿真难度高的问题

由于行业的技术发展变化快,尤其是信息技术领域,学校实训室的建设周期长,造成学校实训设施设备更新相对落后于行业主流技术,想跟上业内的新技术就更加困难。在实训的项目选择上,受现有实训设施设备的制约,有些项目无法开展,有些项目涉及企业的核心技术和版权问题无法移植到校内实训环境。因此校内的实训能解决基础技能的训练,对于综合技能和特定技能的提升作用有限。而通过承接企业的真实项目,将实训场所迁移至企业的工作现场,能较好地弥补校内实训的不足。

虹口职教集团文化创意行业产教合作工作站成立以来,随着校企合作的不断深入,教师的教学理念有了较大的改变,课堂的教学形式更为丰富,专业建设质量得到提升。在声音制作专业,通过与高校、企业联合开发《录音基础实训》教材,填补该专业实训教材领域空白。在实训课上,学生主动参与,积极思考,在教师的引领下发现问题,尝试各种方法解决难题,声音专业周益老师的"同期声对白录音"一课在2020年举办的上海市教学法评优大赛中获得二等奖。学校创设环境把教学活动搬入音乐会现场和剧组拍摄现场,使学生获得更多的实战机会,该专业学生胡以鹏以优异成绩进入上海温哥华电影学院继续深造声音制作专业。在智能硬件的实践性教学课程中,科技中本的同学组成学习小组,一起研究发明了"助动车智能头盔",该作品获得第二十四届全国发明展览会"一带一路"暨金砖国家技能发展与技术创新比赛特等奖金奖,以及第十届上海设计双年展"创新潜力之星"称号。

六、体会与思考

将企业的真实项目引入学校开展实践性教学,对学生的技能增强和教师的专业素养有明显的促进作用,开展实践性教学需要教师在教学中有更多的创新意识和创造性教学活动,更离不开学校和企业在实践性教学中的积极推动和大力保障。如何将这种形式推广到其他专业中,如何保持与企业长期稳定的合作,如何发挥职教集团与学校的职能形成长效的保障机制,探索更有效的校企深度融合的路径,值得在今后的工作中进一步推广与研究。

搭建中职区级教研平台
共促集团教师专业发展

上海市杨浦区职业教育集团　周智朝　吴洪健

摘　要: 杨浦职教集团从集团内四所学校教师的实际需求出发,在杨浦区域内开展了中职校区级教研机制的构建与运行。该项目以增强集团内教师专业发展能力为目标,以区级层面的教学研讨活动为基础,以区级公开课的展示为抓手,集团建立区级教研机制,鼓励集团所属中职校教师积极探索有效教学模式和教学方法,为教师搭建公开展示的平台,促进教师专业发展。该项目运行一年多,目前已建立职教集团常态化的区级教研机制,取得良好效果。

关键词: 公开教学;职教集团;区级教研平台

一、实施背景

《国家职业教育改革实施方案》提出"三教"(教师、教材、教法)改革的任务。"三教"改革中,教师是根本,教材是基础,教法是途径。职业院校的教师受到国家政策的鼓舞,提升自身专业发展水平的意愿强烈,对于教法研讨的需求更加强烈。

在中职校的教师教研体系中,市级层面有比较成熟的教研体系,校级层面也有各校不同的教研体系。但市级层面的教研由于涉及所有的中职学校,更多的是从教师总体需求的角度组织教研,很难体现教师个性化发展;学校层面的教学研讨活动又往往缺乏与同类学校之间的交流比较。这就使得教师对区级层面教研的呼声很高,希望通过建立一个常态化区级教研平台,既解决学校教师个性化教学需求,又能有校际间的密切交流,互通有无,解决现实教学中的困惑。

在杨浦职教集团所辖四所学校中,有相当一部分教师希望通过职称晋升来进一步提升自身发展,对区级公开课展示及研讨提出了进一步需求。2021年,在杨浦区教育局的大力支持下,杨浦职教集团牵头建立杨浦区职业教育教学研讨机制,集团内四所学校全体教师在职教集团的有力组织下,开展了卓有成效的区级公开展示及教研活动。

二、实施目标

杨浦区中职校区级教研机制构建与运行项目是以增强集团内教师专业发展能力为目标,建立区级教研机制,以区级层面的教学研讨活动为基础,四校教师建立分学科的教研组,以区级公开课的展示为抓手,探索有效教学模式和教学方法,集团实施有力保障,充分调动教师的主动性和积极性,促进教师发展。具体目标为:一是建立区级层面分学科的联合研修机制;二是增强集团内教师的专业能力;三是建立常态化区级公开教学展示机制。

三、实施过程

(一)调研、沟通,建设运行机制

注重调研,明确不同层面教师需求。杨浦职教集团秘书处了解到集团内学校教师有进行区级公开课展示及研讨的需求后,组织召开了集团联络人会议,听取联络人意见,集思广益,共同研讨建立集团层面的区级教研机制的可行性。联络人会后到各自所在学校广泛征集教师意见,召开座谈会,发放调研问卷,了解不同职称、不同部门、不同年龄段的教师需求,并向职教集团秘书处及时反馈调研结果。调研结果显示90%以上的教师希望建立区级中职教研机制,其中,78.5%以上的教师希望能有区级层面的公开课展示交流活动。多数教师表示希望有同专业、同课程的教学研讨及教学资源整合机制。

规范推进,形成工作机制。杨浦职教集团秘书处高度重视此项工作,召开专门工作会议,聘请专家进行指导、研讨、论证,最终形成《杨浦职教集团区级中职教研机制工作方案》(下称《工作方案》),成立专门领导小组和工作小组,明确该项目运行的时间、具体内容、实施流程以及保障措施。在集团全程指导下,各校具体落实并开展区级公开教学展示活动,总体规范运行,效果凸显,并且逐步形成了长效机制。

(二)展示、探究,开展区级公开教学展示活动

区级公开教学展示活动是此次集团层面建立区级教研机制的一个重要抓手。按照《工作方案》要求,集团内每年开设一次区级公开教学展示活动,展示活动按照"各校前期选拔——集体教研准备——集团专家辅导——公开展示交流——专项评课研讨"的基本流程进行。

前期选拔阶段,各校设置选拔标准,认真遴选展示人员。各校经过校级初赛或初步选拔,集团最终选出21位教师参加区级教学展示交流活动,其中,涉及思政、语文、数学、英语、美术、心理、旅游、国际货运代理、电子商务等课程。如:现代音乐职校通过全校教师的全员教学比武活动,选出优秀教师参加此次展示活动;贸易学校在选拔教师的时候,特别注重不同年龄层次、不同职称教师的需求,选出的展示教师既有年轻教师,也有资深教师;杨浦职校在学期伊始就把此项工作作为教导处一项重要工作,在校级公开课的基础上,选出优秀教师

参加展示;科技管理学校更是全部选派了比较有经验的中高级职称的教师参加此次教学展示活动。

集体教研准备,各校充分发挥教研团队力量,打造精彩课堂。为上好一节区级公开课,各校教研团队使出浑身解数、精心打造,每节课都有自己的亮点呈现。科技管理学校的一节物流课,任课教师以撰写社群营销软文为抓手,引入企业真实项目,以商洛香菇在社群内推广为主线,采用任务引领型教学设计。依托信息化教学工具线上线下结合,将理论和实践相互渗透,建立多维度立体化学习模式,培养学生职业能力,让学生学会撰写能与粉丝产生"情感共鸣"的社群营销文案。上海市贸易学校的一节咖啡制作课,以小视频咖啡消费人群扩大、咖啡文化应运而生为导入,通过知识讲解、操作示范、分组操作三个环节,层层递进,让学生掌握研磨度与咖啡萃取的关系。课堂里飘满着"咖啡"的香气,更使同学们通过亲身体验突破了教学难点。

集团派出特聘专家,注重过程性指导。集团聘请市区资深专家为区级公开教学展示活动助力,过程性介入,具体指导每个教研组教法的探究。语文学科中,专家提出在教学设计时,教师应有单元教学意识;美术组教研中,专家提出教育环境与艺术用语要贴近学生的职业需求,凸显职业教育特色。比如,杨浦职校的一节英语课,在特聘专家的指导下,注重创设教学情境,落实课程思政。任课教师将京剧唱段、脸谱书签、京剧影像、京剧服饰,甚至是包含京剧元素的英文例句融入每个教学环节和教学场景中,有机结合英语文本的教学主题,激发学生对国粹的兴趣,升华中华优秀传统文化的热爱,落实课程思政理念。同时,有效利用学习平台"雨课堂"辅助教学,熟练运用信息化手段提高了课堂的有效性。

专项评课研讨,研之有效。在展示活动中,各校都高度重视,组织有序,每节展示课都在职教集团的指导与支持下,四校教师共同参与听课评课教学研讨活动。任课教师经过精心准备,节节课都非常精彩,展示出了自己的教学特色。展示课后,集团组织了专项评课教研活动,集团秘书处、市级教研员、杨浦区教育学院教研员、各校领导、兄弟学校教研组成员,依托区级教研平台及时评课,并进行专项研讨。

在专项教研活动中,集团特聘的专家对每节课进行了认真的评价,对课上的亮点特色加以总结,也探讨了在教学方法、信息化手段运用、教学评价方式、教学有效性等方面如何进一步提升的具体方法,教师们在共同研讨的过程中相互交流,也受到了很大的启发。比如,现代音职的一位年轻的语文教师,在公开展示活动结束后,继续研究探讨自己在公开课中实施的"发现问题——解决问题——现实应用"的模式进行教学,通过整合吸纳专家的建议,教师在后续的教学中继续深入研究,重新设计了二套问题的方案进行尝试,并在教学中进行进一步的探索和实践。

(三)评价、研讨,进行教法钻研

公开教学展示活动之后,杨浦职教集团进一步搭建平台,通过中职区级教研组组织公开教学展示交流活动成果,选取主题,聚焦教法研讨,开展专项教研活动。专项教研活动中都由区级教研员牵头负责,四校同学科教师共同参加研讨,区级教研员进行跟踪评价。比如思政组聚焦情境教学法进行了专项研讨,旨在探讨如何使思政课教学深入人心,更好地用习近平新时代中国特色社会主义思想来铸魂育人,不断增强思政课的针对性、时代感和吸引力。英语组聚焦支架式教学方法,研讨根据中职学情搭建更适合学生发展的适度支架,并且探究问题法在英语教学中的作用,英语的问题设计指向如何更加清晰具体,以及通过适度追问,更深层次地帮助学生挖掘课文含义;专业组探究如何通过任务引领法使中职专业教学更加贴近企业需求,更好地引入企业真实工作流程,有效增强学生技能;美术组探究通过不同教师之间的"同课异构",观察不同专业的学生在同一堂艺术课上的不同感知和接受能力,从不同维度进行系列研究,进一步研究适合中职学生的教法;语文组聚焦单元教学,同时研讨如何在中职语文教学中更好地传播中华优秀传统文化……

为了教研活动的更加深入,集团秘书处还聘请专家与集团教师进行专题研讨,集团开展了"信息化背景下,教与学的变革"为主题的专题研讨活动,共同探究信息化背景下"教育功能发生了怎样深刻的变化?""教育要素发生了怎样的变化?""教育要求又发生了怎样的变化?""教育方式、学习方式、教材形态、学习价值取向、教师的作用等又有怎样深刻的变化?"……这些问题更加引发了教师的思考,在自己的教学实践中去改进教法,提高教学实效。

四、实施保障

(一)集团敏锐捕捉教师需求,搭建平台,教育局大力支持

杨浦区中职校区级教研机制构建与运行项目能够顺利开展及运行,这主要依托杨浦职教集团积极搭建平台,组织有力。项目建立前期,集团秘书处即向教育局领导请示报告,取得杨浦区教育局领导的大力肯定,并得到杨浦教育学院的大力支持,得到充分的资金和人员保障,使得整个运行过程通畅有序。项目中期,秘书处聘请市区级层面的专家,对项目评估把关,并入校跟踪指导,使得整个项目质量得以保障。在展示活动结束之后,职教集团还为每位参加展示的教师发放了区级公开课展示交流证书,为教师职务晋升也提供了更加具体的保障措施。

(二)各校校级层面重视,提供具体保障

集团内四所学校在贯彻集团下发的工作方案中,能够充满热情、积极参与并且管理到位、切实落实。各校在区级教研机制的筹备、落实等方面都全程参与、有力保障。在区级公开课展示环节,各校自行组织,井井有条,不但在前期备课、磨课环节做了大量准备,更是做好了诸多具体保障工作。从展示课的场地、设施、人员安排到接待专家、兄弟院校教师的服务工作,以及在评课研讨等方面都提供了具体的保障条件,确保了该项目的顺利运行。

五、特色与成果

(一) 职教集团建立区级教研平台运行机制,形成范例,弥补市级教研与校级教研之间的断层

目前,在各区组织的区级公开课中,普遍存在要求高、机会少的现象,由于学科限制,职校教师能够参与的更是少之又少,杨浦职教集团搭建的区级平台,弥补了市级教研与校级教研之间的断层,不但为教师提供了展示的舞台,更是助推了教师的团队发展和个性化成长。集团搭建的平台致力于为各级各类教师都能提供展示学习的途径,在区级公开课的展示中,从年龄层次看,有接近退休年龄的老教师,也有入职两三年的新教师,从职称结构看有高级教师、中级教师和初级教师,从学科角度看,有公共基础课,也有专业课。尤其是专项的教学研讨活动,更是力争使集团内获益教师的比例增加,努力做到全覆盖。这样一个区级中职教研机制的建立,为其他职教集团提供了示范先行的范例。

(二) 聚焦教学困惑,教师成长有实效

在中职校的教学中,基于不同专业的不同学情,教师往往在教学中也有很多教学困惑,比如针对不同专业的同学该如何设置不同的情境,如何激发学生的学习兴趣,如何在技能学习中更好地融入课程思政,如何结合企业需求提升学生职业技能,等等,而教学困惑的解答在区级教研中有了交流的途径与平台。各校任教相同课程的教师可以共同研讨,也可以咨询专家,答疑解惑。职教集团共为集团内教师开设 21 节区级公开课,组织多次区级教研活动,很多教师在这一年多的教研中感觉到收获颇丰,很多教师也把自己的教学研究成果形成教学论文。集团提供的这样一个学习与交流的平台,在促进教师专业成长上取得了实效。

六、体会与思考

该项目运行一年多来,集团能立足教师需求,发挥区级教研平台优势,致力于为广大教师提供良好的教学资源和教学研讨途径,受到集团所辖中职校教师的大力欢迎,取得诸多的工作实效。

在拓宽区级教研平台的功能,如何为教师发展提供更加广阔的发展途径方面,集团还在做进一步的思考。下一阶段,集团致力于将区级教研常态化落实,并根据《关于实施职业院校教师素质提高计划(2021—2025 年)的通知》新要求,在推动集团内教师课程实施水平提升、信息技术应用水平提升、公共基础课教学水平提升、"双师型"教师培养培训等方面,做好集团服务与保障工作,深化"三教改革",为职业教育提质培优和类型发展提供更优质的职业教育人才作出职教集团应有的贡献。

数控专业"跟单"人才培养模式的探索和实践

上海市青浦区职业教育集团　方德明　陈海明

摘　要:本案例聚焦"任务引领、面向行业、校企协同"等职业教育核心问题,借鉴现代企业"跟单"生产管理方式,经过近十年的实践探索,形成"跟单"人才培养模式。提出以"跟单"产品为载体,以"跟单员"为纽带,以激发学生学习兴趣和有效培养综合职业能力为宗旨,构建任务引领、面向行业和校企协同的合作育人的方式,同时制度化落实教师下企业实践,开辟"双师型"教师成长途径,通过多年的应用推广,成效显著。

关键词:理实一体;校企协同;跟单育人模式

一、实施背景

职业教育经过近40年的发展,终于正名为"类型教育"。近日,上海市人民政府办公厅颁布《上海职业教育高质量发展行动计划(2019—2022年)》的通知(沪府办〔2019〕128号),明确了"着力落实和巩固职业教育的类型教育地位,构建上海职业教育新体系"的新提法。在几代职业教育人的共同努力下,职业教育改革和发展优势有目共睹,成绩斐然,但不可否认的是,职业教育还普遍面临如下问题:(1)学校教学内容滞后于社会科技发展,培养质量与企业需求脱节,课堂生态差;(2)缺乏有效的载体落实上海市任务引领型课程体系;(3)缺乏抓手有效实施理实一体化教学。针对这些问题,各级政府颁布了多种有助于职业教育发展改革的政策和措施,各地各校都有针对性的教学改革尝试,全局性的课程教育改革研究蓬勃兴起。上海工商信息学校自2009年起开始探索"跟单"人才培养模式,2016年,随着青浦区职业教育集团的建立,校企融合、实战历练通过基地建设更加成为制度化、常态化。

"跟单"是现代企业的一种生产经营管理方式,即A企业派跟单员到承接产品加工订单的B企业协助生产和管理,以确保产品加工的质量。

"跟单"人才培养模式是由学校承接企业的产品加工订单(以下简称"跟单"产品),学校专业教师和企业技术人员(跟单员)组成合作共同体,根据产品技术标准和专业教学标准,共同开发产品加工项目教学案例(以下称"跟单"项目教学案例),并以产品加工为教育教学载体实施校企融合教学,确保教学质量和产品质量(如图1所示)。

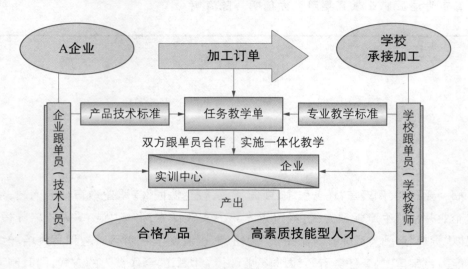

图1 "跟单"人才培养模式

二、实施目标

(1)探索在职教集团专业委员会框架下人才培养的最优化模式。

(2)探索"校企高度融合"状态下专业人员和教师交流互动培养策略,重点提升课堂教学水平。

(3)完善和丰富学习领域教学资源库建设,形成"跟单"模式下独特的学材和教材。

(4)有效促进学生职业能力生成,为其生涯发展奠定扎实的基础。

三、实施过程

(一)"跟单"人才培养模式的特点

1. 实际任务引领

以"跟单"产品为教育载体,按工作过程导向重构知识和技能,开发"跟单"项目教学案例,实施任务引领教学。来自企业的"跟单"产品及时将"四新技术"渗透进教育教学活动,使学校教学更贴近生产实际和社会科技发展。

2. 面向行业企业

用于教学载体的"跟单"产品来自不同企业,涵盖机械行业主要生产零件的类型和材料,全面覆盖专业教学必需的知识和技能。"跟单"人才培养模式培养学生面对行业的职业通用能力。

3. 校企深度融合

产品技术标准和专业教学标准通过"跟单"项目教学案例得到融合,以"跟单"产品作为教育教学载体,产品加工过程也是实战历练的学习过程,实现了校企融合。

4. 师资人员互动

企业跟单员大部分是学校专业特聘兼职教师,学校教师到企业岗位实践与跟单加工项目有高度的针对性,日常教学项目与企业生产现场项目可实现无缝对接,极大地提高了课堂教学的有效性。

(二)"跟单"人才培养模式的行动实践

1. 组建学习领域课题小组,落实教育教学载体

打破数控加工专业原来学科体系的课程模式,依据专业标准和培养目标将专业核心教学内容重新划分若干学习领域,成立学习领域课题小组,与企业"跟单员"组成合作共同体。数控专业的主要学习领域:钳工加工、普通机床加工、数控车床加工、数控铣床加工、数控电火花线切割加工、造型设计加工和机械类学生职业素养的教育与训练等。

以培养通用技能为目标选择合作企业和"跟单"产品,落实教育教学载体。遴选原则:"跟单"产品要尽可能涵盖机械行业主要生产零件的类型和材料,全面覆盖专业教学必需的知识和技能。采用"一家为主多家参与"的校企合作方式,确保学校教学所需的"跟单"产品。

2. 开发"跟单"项目教学案例,完善学习领域教学资源

校企双方围绕"跟单"产品合作制定加工工艺和试生产,整理该产品生产加工工艺所涉及的必需和够用的知识点和技能点,按该产品加工工艺流程将知识点和技能点分解到各工序的生产和教学活动中,开发以工作过程导向构建每个案例的基本框架,为每道工序配置相关的知识和技能。

各课题小组以专家引领、组长负责和同伴互助的方式开展学习领域的开发和建设,修定学习领域课程标准,不断修正和完善原有"跟单"项目教学案例,开发新的"跟单"项目教学案例。针对"跟单教学"特点开发"生产教学单""任务操作细化单"和操作视频等教学辅助资料。"生产教学单"融合生产和教学双重任务,每一具体的跟单产品加工都有对应的"生产教学单"。"任务操作细化单"有效辅助关键技能点的学习和训练,引导学生自主进行实践活动和互评操作质量,能触发学生"发现""体验"和"感悟"的思维,促进知识和技能的主动建构,还能强化学生规范操作,确保教学质量和产品质量。

3. 校企合作师资互动,扬长避短显优势

签订校企合作协议,建立"跟单"人才培养模式合作机制,为实施"校企融合"做好前期准备。主要内容:学校安排专业教师前往企业顶岗、轮岗实习,学习产品加工的全过程,体验企业文化和管理模式,企业安排"跟单员"和专业教师建立合作共同体,共同开展校企间在师资、技术、管理、学习领域建设等方面的深度合作,共同实施校企融合的教学活动,为"跟单"人才培养模式的探索和实践做好师资保障。

4. 硬件建设,支撑"跟单"人才培养模式的有效落实

一是建设满足"跟单"实训的加工中心。扩建数控实训中心,建成规模为 5 000 立方米。扩容后的数控中心实训室 19 个,工位 389 个。

二是参照企业生产场景布置教学场地。按"5S"管理要求科学布局实训中心功能区域,让学生浸润在现代企业管理文化氛围中。

5. 科学制订计划,优化项目组合,由浅入深地推进

制订课程计划,将"跟单"项目教学案例逐步替代专业核心课程教学内容,要求按照每学期 25% 的比例逐步推进,使"跟单"人才培养模式逐步渗透和取代数控专业传统课程结构和教学模式。数控专业从 14 级开始,全面开设学习领域课程,实践"校企融合"的"跟单"人才培养模式。

梳理前期积累的"跟单"项目教学案例,遵循认知规律,选择一组从简单到复杂的典型产品,以这组产品为载体系统构建学习领域教学资源,开发"跟单"实验教材("跟单"项目教学案例集),固化研究成果。"跟单"实验教材的特点:一是框架稳定、载体可变,利于新知识、新技能、新工艺和新方法随着"跟单"产品进入学校教学活动,使学校教学更贴近社会和科技发展;二是各案例之间难度递进且知识点互补,使学生通过完成一组基于产品加工的教学案例学习,实现知识与技能螺旋式提升。

同时开发其他辅助教学资源,主要有《导学手册》、课堂辅助教学课件、课后复习巩固课件、单项技能操作视频和试题库等。

6. 在实践中历练师资,增强其"校企融合"课堂驾驭能力

制度化落实专业师资培养策略。一是定期到相关合作企业顶岗、轮岗实习,熟悉企业生产流程和管理方式,积累企业生产经验;二是轮换承担数控专业主要核心课程的教学任务,积累综合专业知识,增强学习领域课程的开发能力;三是参与学习领域课题小组,通过"科研引领,项目驱动",借助青浦区数控专业教师研修基地的专家引领和同伴互助,课题组在"实践——开发——反思——改进"的探索和实践过程中,不断完善"校企融合"课堂教学的行动策略。

根据学校"十三五"行动计划,开展市级课程资源信息化建设。并在青浦区职业教育集团统一协调下,成功申报青浦区 2017 年教科研重点项目,课题组通过校企合作开发系列微

课,创建智慧教室和实训环境,以系列微课优化教学资源,优化课程教学,探索专业课堂教学的直观化、实景化和实时互动。

四、实施保障

(一)组织机制保障

在职教集团框架下,借助集团优势,结合现代制造业相关企业,保障"跟单"育人模式有序并制度化推进。

(二)专项经费保证

区人社、教育、财政联合发文,建立区级校企合作基地,并落实专项经费保证包括"跟单"育人模式在内的专题项目工作的持久化推进,每一个基地每期 70 万元专项资金保障。

(三)人才政策倾斜

根据国家相关政策,人社局制定人才专项政策,保障职业学校教师队伍来源渠道多元化,在教师招聘条件上体现职业教育与普通教育的明显区别,满足能工巧匠能够也可以成为教师,同时,扩大专业特聘兼职教师聘用范围,教师下企业实践等措施多管齐下,以满足职业教育师资教师的需要。

五、特色和成效

(一)"跟单"模式,找到了解决教学问题的方法秘钥

实施"跟单"人才培养策略,使教学内容紧密联系岗位实际。

借鉴现代企业"跟单"生产管理方式,由学校承接企业的产品加工订单,学校专业教师和企业技术人员(跟单员)组成合作共同体,根据产品技术标准和专业教学标准,按工作过程导向重构理论与实践的关系,共同开发产品加工项目教学案例,使教学内容紧密联系岗位实际。

建立 6∶4 循环滚动的动态完善机制,即学习领域的教学载体 60% 来自资源库中的"跟单"项目教学案例,40% 来自企业当年的新"跟单"产品,使"四新技术"及时进入学校教学活动,促使课程内容及时更新,学校教学更贴近生产实际和社会科技发展。

"跟单"产品来自不同企业,涵盖机械行业主要生产零件的类型和材料,全面覆盖专业教学必要的知识和技能,培养学生面对行业的职业通用能力,解决了"订单式"培养学生再就业能力弱的弊端。

(二)"跟单"模式,提供了"双师型"教师成长途径

促进一线教师成为学习领域项目开发者,通过"专家引领、同伴互助、校企协同"方式开发"跟单"项目教学案例,促使教师在落实项目任务过程中,通过"学习——实践——开

发——反思——改进"的过程亲身体验"任务引领"理念,内化"任务引领"教学思想,在教学中有效落实任务引领教学改革。由教师的教学岗位内容与产品加工融合,促使教师在实战历练中实现"双师型"教师成长。

校企融合的实战历练,促使教师珍惜每一次企业实践机会,甚至通过"跟单员"主动参与企业实践,努力增强自身生产实战能力,"双师型"成为专业教师的自觉追求。课题"立足校本的'双师型'教师成长途径的研究和实践"获得中国职业技术教育学会 2016 年优秀研究成果二等奖。

"跟单"人才培养模式促进了教师在专业化成长中的自觉行为,久违的"教学相长"现象回归了课堂。数控专业专任教师中"双师型"教师的比例达到 95.7%,有企业实战经验教师比例达到 100%。数控专业教师凭借扎实的理论功底和生产实战经验开始在青浦区域数控行业小有名气,经常会有企业上门求助。他们先后协助上海华新合金有限公司和安铁克思(上海)精密部件有限公司等 6 家公司解决生产技术难题。

(三)"跟单"模式,完成了学习领域课程教材建设

一是由中国劳动社会保障出版社出版了"跟单"教学模式系列实验教材(共 7 本),其中《数控电火花线切割加工案例集》为上海市优秀校本教材,《数控车床加工案例集》尝试同步完成数字化教材建设,提高教学的直观性和交互性。

二是完成了 7 个学习领域教学资源建设。其中"数控电火花线切割加工"是上海市精品课程,数控车床加工、普通车床加工和钳工加工 3 门为校精品课程。数控专业参与完成国家改革发展示范校共建共享任务——数控专业数字化资源平台。

(四)"跟单"模式,促进了学生职业能力的生成

"跟单"人才培养模式成功点燃了中职生的学习激情,课堂生态明显改善,学生从盼着下课到不愿下课,学生学风转变明显。

学生综合职业能力明显增强,能快速适应企业生产环境,进入职业生涯良性成长轨道。数控专业学生在 2014 年和 2016 年星光技能大赛中共获得 15 个奖项,其中 3 块金牌,3 个团体第三名,远超前四届星光大赛获奖总和。考证合格率从 40%左右提升到 80%以上,在全市数控中级工的考证单位中(包括高职院校和社会考证)合格率名列前茅。

我校学生 2010 年起获国家技能大赛奖项共 20 人次,其中 5 块金牌。他们激情四射,全面发展,如 10 数控 1 班的诸凯杰,在"跟单"人才培养的浸润和激励下,激发了自信心和责任感,他勤学专业、活用专业,成为学校科技社社长,发明多项专利,成为"上海最美中职生",从入校时的非团员成长为"全国最美中职生"和"全国优秀共青团员"(大教育系统唯一,全市共 6 名)。

(五)"跟单"模式,助推了数控专业的健康发展

工商信息学校 2005 年开设数控专业,十余年来得到快速发展,先后被评为上海市重点建

设专业、上海市重点专业中首批"精品特色专业"、上海市品牌建设专业、国家改革发展示范校重点建设项目、"双证融通"培养试点、上海市"中高职贯通培养"试点和"中本贯通培养"试点,同时,有效促进学校主干专业发展。

(六)"跟单"模式,产生了明显的辐射效用

"跟单"人才培养模式的探索和实践,持续得到社会各界的高度关注和肯定:上海市教委发简报给予介绍和肯定;全国中等职业教育教学改革创新工作会议上被制作成展板并交流;"跟单"改革成果现被列入华东师大和上海教科院师资培训基地课程;校长每年多次应邀在全国中职校长培训班、骨干教师培训班和市教委组织的全市校长会上作交流,得到《中国教育报》、上海教育电视台、《文汇报》《解放日报》等主流媒体和《中国职业技术教育》《上海教育》《教育发展研究》《职业技术教育》等重要核心期刊的专访邀稿和专题报道,获奖成果和论文达 20 多篇。

六、体会与思考

2019 年 12 月,上海市人民政府颁发《上海职业教育高质量发展行动计划(2019—2022年)》文件,提出上海职业教育新时代发展的新目标,职业教育发展的新的窗口期又来了。在新的形势下,成绩已成为过去,新的发展和改革要求已摆在我们面前。

(1)根据文件精神,接下来,我们除了继续进行教育教学方法模式的研究和改革外,应更注重职教集团如何在职业教育宏观发展模式方面的实践研究,为形成层次分明、结构合理、高职和中职协调发展的青浦职业教育新面貌而出谋划策,同时要扩大眼界,在长三角一体化发展的宏观背景下思考问题。

(2)以校企合作、基地建设为抓手,现代制造业专业继续优化"跟单"育人模式,使其绩效最大化,同时深入研究如何发挥现代服务业企业特色,在现代服务业相关专业不断实践并形成新的更加符合专业培养方向的育人模式。

(3)"跟单"是双向互动,可以是企业派出跟单员到学校,指导产品生产加工,也可以是教师到企业,指导企业如何在学生实习期间强化育人。现在我们注重的是在学校"跟单"这一头,接下来我们更要跨出学校,派出"跟单员",重点指导企业育人,全方位实现双主体育人。

优秀引领　强强协作
打造校企合作基地"区块链"
——上海松江区职教集团典型工作案例

上海松江区职业教育集团　张丽华　陈　欢

摘　要:2021 年度起,松江区职业教育校企合作基地建设按企业行业归属(院校专业类别)成立六大协作组,协作组牵头单位以联合组员共同申报项目的方式,鼓励同行或相近行业(相近专业)合作联动,牵头基地和同类基地一起围绕某一培养技能人才的项目开展工作,激活应用型本科、高职和中职不同层次的职业院校和相应企业围绕同一目标开展创新性产教融合项目。

关键词:校企合作基地;协作组;校企合作;产教融合

一、实施背景

"十三五"期间,在上海市教委职教处的指导下,在上海市教委教育技术装备中心的组织管理下,松江区职教集团基本完成了建设一批高质量的区级校企合作基地,聚集行业、企业和政府部门等广泛资源,完善产教融合、校企协同育人机制,充分发挥优秀企业对于各级各类技能人才培养过程中的参与和指导作用,主动应对经济发展新常态、主动把握新技术发展趋势,以深化产教融合、校企合作作为突破口,将新技术应用人才培养的优势凸显出来,努力为 G60 科创走廊建设、松江新城发展培养高素质劳动者和知识型、应用型技术技能人才。

2021 年度起,松江区职业教育校企合作基地建设继续沿用一院校与一企业合作申报项目并全年建设项目,接受四部门绩效评估以外,按企业行业归属(院校专业类别)成立六大协作组,协作组牵头单位以联合组员共同申报项目的方式,鼓励同行或相近行业(相近专业)合作联动,牵头基地和同类基地一起围绕某一培养技能人才的项目开展工作,激活应用型本科、高职和中职不同层次的职业院校和相应企业围绕同一目标开展创新性项目。

二、实施目标

协作组的成立旨在进一步推进校企合作基地项目建设,践行"共享、共建、共进"的建设理念。充分发挥市级产教融合型企业和区级优秀基地的引领作用,分享基地建设的丰富经验;加强基地间的团结协作,由牵头基地发起,同类基地联合开展围绕培养技能人才的项目,达成强强联合,共同打造校企合作基地"区块链";推动松江区职业教育创新开放,实现产教融合、优势互补,共同发展,服务长三角 G60 科创走廊建设。

三、实施过程

2021 年经区职教集团管理办公室研究决定,按先进制造类、城市建筑类、现代服务类、城市交通类、现代农林类等专业类别成立 6 大区级校企合作基地协作组。协作组通过项目申报、专家评审等环节,数字化机加工沙龙、教学竞赛等 11 个项目批准立项。

(一) 共享——学习丰富经验

各协作组积极开展参观、走访、调研等活动。例如:先进制造类(二组)协作组由组长单位上海工程技术大学,2020 年产教融合型企业、优秀校企合作基地上海欣诺通信技术股份有限公司组织开展 11 家组内成员单位的相互走访调研,并组织相关技术交流报告。

(二) 共建——形成强强联合

各协作组积极开展工作室、课程资源等共建活动。例如:先进制造类(一组)协作组由组长单位新桥职校,优秀校企合作基地柯马(上海)工程有限公司组织开展工业机器人实训室三期建设技术方案专家论证、智能制造工程师工作室建设等活动;现代服务类协作组由组长单位上海市城市科技学校,优秀校企合作基地富悦(上海)酒店管理有限公司组织开展"中餐热菜制作"项目课程资源建设并进行菜品研发及展示交流。

(三) 共进——推进人才培养

城市建筑类协作组由优秀基地隆古建筑装饰公司牵头,9—11 月组织组内企业技术骨干及行业专家开设讲座,组织专业教师到泗泾古镇、永丰街道工地参观实践学习,开展建筑专业师资培训;城市交通类协作组由组长单位松广贸易公司牵头组织成员单位参观调研新能源汽车企业、暑期开展新能源汽修师资培训研讨、组织"中华杯"教师职业技能竞赛。

四、实施保障

区职教集团发文《关于公布 2021 年度松江区职业教育校企合作基地协作组名单的通知》(沪松职教集团〔2021〕2 号),公布《2021 年度松江区职业教育校企合作基地协作组建设方案》,方案明确协作组组织构架、建设目的、建设内容、项目申报和管理办法。协作组项目经费纳入区级校企合作基地建设经费,接受四部门绩效评估。

五、特色与成果

校企合作基地协作组建设旨在充分发挥优秀基地的引领作用,分享基地建设的丰富经验,加强基地间的团结协作,达成强强联合,共同打造校企合作基地"区块链",以此进一步推进校企合作基地建设工作,更好地为本区职业教育及区域经济发展服务。实践一年来,初有成效:基地项目建设效益上得以提升、院校间同类学科信息得到共享、同类企业间技术技能得以切磋、创新的系统协作机制逐渐建立、产学研协同创新力度增强、企业挑选不同层次技能人才的余地加大。

▼ 表 2021 年度松江区职业教育校企合作基地协作组项目开展汇总

分类	学校名称	企业名称	申报项目	项目内容
先进制造类(一组)(11家)	新桥职校	**组长单位:柯马(上海)工程有限公司**	数字化机加工沙龙—新能源汽车专场	1. 聘请专业平台提供数字化机加工沙龙整体方案,和平台方做方案细节确认;邀请业内知名专家一同探讨;邀请业内知名媒体进行广泛的宣传及推广 2. 开展沙龙举办场地,线上线下软硬件准备工作 3. 举办沙龙
		世格流体控制(上海)有限公司		
		斯必能通讯器材(上海)有限公司		
		美尔森电气保护系统(上海)有限公司		
	上海市城市科技学校	上海航天精密机械研究所	智能制造工程师工作室建设	1. 智能制造工程师工作室成立 2. 今年的工业机器人竞赛支持或者通讯方向研究课题 3. 形成或者展示工作室的技术研讨成果
		库卡机器人制造(上海)有限公司		
		永大电梯设备(中国)有限公司		
	东华大学	上海一达机械有限公司		
		上海音锋机器人股份有限公司		
	上海工程技术大学	上海航平自动化科技有限公司		
	上海松江开放大学	伟本智能机电(上海)股份有限公司		

续 表

分类	学校名称	企业名称	申报项目	项目内容
先进制造类(二组)(11家)	上海工程技术大学	**组长单位：上海欣诺通信技术股份有限公司**	教学(培训)竞赛	1. 企业和学校首先通过内部选拔(初选)，每个基地分别推荐一名老师和一名工程师参加教学(培训)竞赛决赛 2. 基地(校方和企方)入选的一名老师和一名工程师参加总决赛，20名参赛成员，分为两组，评委打分，按照分数选出一、二、三等奖
		上海新阳半导体材料股份有限公司		
	上海市城市科技学校	上海华铭智能终端设备股份有限公司		
		上海至盛信息技术股份有限公司		
		上海中科教育装备集团有限公司		
	新桥职校	延锋伟世通汽车电子有限公司	到各企业交流参观并组织相关技术交流报告	到各企业参观并作深层次交流：企业方针对文化、管理、技术、生产、政产学研中的经验等作报告介绍，校方针对政产学研中存在的问题和建议等作报告介绍，各参与者互动交流
		上海临港人才有限公司		
		威图电子机械技术(上海)有限公司		
	东华大学	上海元彩科技有限公司		
	上海松江开放大学	上海汇聚自动化科技有限公司		
	立达学院	上海久壬信息科技有限公司		
城市建筑类(3家)	上海市城市科技学校	**组长单位：上海隆古建筑装饰工程有限公司**	建筑专业师资培训	1. 做好项目工作准备 2. 组织专业教师进入施工现场参观实践 3. 组织组内企业技术骨干及行业、协会专家针对专业教师开设培训讲座 4. 开展校企师资培训专题汇报活动 5. 项目建设中期总结汇报及项目终期工作，包括汇总过程资料、梳理形成建设成果、完成项目总结与案例等
		巴特勒(上海)有限公司		
		上海科瑞真诚建设项目管理有限公司		

分类	学校名称	企业名称	申报项目	项目内容
现代服务类(3家)	上海市城市科技学校	**组长单位:富悦(上海)酒店管理有限公司**	联赛	1. 研讨项目实施方案、评分标准 2. 参赛方内部选拔赛 3. 技能比武联赛
		上海佘山茂御臻品之选酒店	课程资源建设(中餐热菜制作)	1. 项目策划与方案制订(烹饪营养与工艺中高贯通专业《中餐热菜制作》课程资源建设 2. 调研数据采集、分析与汇总,菜品设计可行性交流 3. 菜品研发、试制、定标 4. 研发菜品展示交流
		上海东方索菲特大酒店		
城市交通类(3家)	上海市城市科技学校	**组长单位:上海松广贸易有限公司**	新能源汽修师资培训及研讨	1. 松广广汽本田皓影锐混动车型师资培训 2. 东联一汽大众纯电高尔夫车型师资培训 3. 培训总结+成果展示+技术研讨
		上海东联北松汽车销售服务有限公司	新能源汽车企业参观调研	1. 考察上汽新能源企业、海恒大新能源汽车集团上海分公司、上海景格科技企业,了解企业文化,以及企业对新能源汽车技术人才的需求 2. 根据调研情况,研讨优化新能源汽车技术专业人才培养方案,课程体系,撰写总结报告
		上海超越汽车销售服务有限公司		
现代农林类(3家)	上海农林职业技术学院	**组长:上海创宏生物科技有限公司**	引智计划	线上专题培训——丹麦农经学院 Niels Erik Jespersen 等(现代农业技术管理系列培训)

续　表

分类	学校名称	企业名称	申报项目	项目内容
		上海仓桥水晶梨专业农业合作社	G60走廊生物医药与农业技术相关企业技能人才需求调研	1. 调研G60走廊生物医药、检验检测及现代农业相关企业5—10家（考察企业概况、召开调研座谈会、问卷调研等） 2. 撰写调研报告 3. 邀请专家就调研报告研讨、定稿
		上海爱之果农业科技有限公司		

六、体会与思考

区级校企合作基地从建立、加强，到深化，到深度融合，是三源（政企校）汇合后，不同主□同资源、行为、信息协作共享的政策调整过程。协作组的出现，已经初步形成跨企业与院□间的合作，比起"一校一企"的基地，他们在技能人才培养、技术合作，共同申请产学研项□领域更具有竞争力。